KB203995

복 있는 사람

오직 여호와의 율법을 즐거워하여 그 율법을 주야로 묵상하는 자로다.
저는 시냇가에 심은 나무가 시절을 좇아 과실을 맺으며 그 잎사귀가 마르지 아니함 같으니
그 행사가 다 형통하리로다. (시편 1:2-3)

죄와 구원

Lesslie Newbigin

Sin and Salvation

죄와 구원

레슬리 뉴비긴 지음 | 홍병룡 옮김

복 있는 사람

죄와 구원

2013년 4월 23일 초판 1쇄 발행
2024년 2월 14일 초판 6쇄 발행

지은이 레슬리 뉴비긴
옮긴이 홍병룡
펴낸이 박종현

(주) 복 있는 사람
주소 서울특별시 마포구 연남동 246-21(성미산로23길 26-6)
전화 02-723-7183(편집), 7734(영업·마케팅)
팩스 02-723-7184
이메일 hismessage@naver.com
등록 1998년 1월 19일 제1-2280호

ISBN 979-11-7083-109-9 03230

Sin and Salvation
by Lesslie Newbigin

Copyright © 1956 by Lesslie Newbigin
Originally published in English under the title
Sin and Salvation
Published by Margaret Beetham, 81 Nicolas Rd, Manchester, M219LS, U.K.
All rights reserved.

Translated and used by the permission of Margaret Beetham
through the arrangement of rMaeng2, Seoul, Korea.
This Korean edition Copyright © 2013 by The Blessed People Publishing Inc., Seoul, Korea.

이 책의 한국어판 저작권은 알맹2 Agency를 통해 Margaret Beetham과 독점 계약한
(주) 복 있는 사람이 소유합니다. 신 저작권법에 의하여 한국 내에서 보호를 받는
저작물이므로 무단전재와 복제를 금합니다.

차례

서문   9

1. 구원이란 무엇인가?   15
   I. 사람의 네 가지 모순 상태
   II. 속박에서 벗어나 온전하게 함

2. 죄란 무엇인가?   23
   I. 죄의 시작: 죄는 어떻게 세상에 들어왔는가?
     창조 | 한계 | 인간의 욕망 | 불순종의 결과

   II. 죄의 본질: 죄의 씨앗은 어떻게 더 큰 죄를 낳는가?
     죄 | 죄의 뿌리 | 불신이 낳는 죄

3. 죄가 초래한 상황   45
   죄의 결과 | 죄책감과 책임 | 공동의 죄책, 원죄, 유혹 | 인간의 무능력

4. 구원을 위한 준비   61

　역사적 사건 | 한 백성의 선택 | 그리스도를 위한 준비 | 구약성경의 실마리

5. 구원자의 사역   79

　구원의 좋은 소식 | 자기 죽음에 대한 예수의 가르침

　예수의 죽음 | 예수의 부활과 승천

6. 우리는 어떻게 구원을 받는가?   131

　교회 | 교회의 특징 | 성령의 사역 | 믿음 | 중생 | 칭의 | 성화

7. 구원의 완성   163

　그리스도인의 소망 | 그리스도의 재림 | 심판 | 부활 | 하나님의 나라

서문

이 책은 본래 남인도 교회 타밀 교구에서 일하는 교회 일꾼들을 위해 타밀어로 출판되었던 것이다. 이 책을 사용할 사람들은 대부분 시골 초등학교의 교사들로, 신학 교육을 받지는 않았지만 수천 명의 회중을 목회적으로 돌보는 무거운 책임을 떠맡아야 했었다. 이런 책임을 그들이 잘 감당하도록 돕기 위해 주도면밀한 공부 및 연례 평가 프로그램이 수립되었고, 그 일환으로 우리는 해마다 성경의 여러 책과 기독교 신앙과 실천의 다양한 면을 다루는 책을 네 권씩 출간했다. 그런데 '종교서적 클럽Religious Book Club'의 편집장이 친절하게도 이 책이 그 클럽의 회원들에게 유익할 것 같다는 제안을 해서 나는 영어로 출판되는 것에 기쁘게 동의했는데, 단 독자 여러분이 이 책의 맨 처음 독자들을 기억해 주기를 바랄 뿐이다.

나는 처음에는 타밀어로 집필하기 시작했지만 진도가 너무 느려서 결국 영어로 완성한 뒤에 한 친구에게 번역을 부탁했다. 이런 이유로 타밀어로 번역하기 쉬운 영어 문장을 쓰려고 노력했고 시종일관 번역의 필요성을 염두에 두고 있었다. 이 점 역시 독자 여러분이 유념해 주기를 간곡히 부탁하고 싶다.

이 책의 내용과 관련해서는 타밀 그리스도인들이 흔히 안고 있는 오해와 난제들을 다루려고 애썼다. 그래서 영국의 그리스도인들이 가지고 있는 문제들과 똑같지는 않을 것이다. '죄'와 '구원'은 타밀어 성경에 약간 아쉬운 단어들로 번역되어 있다. '죄'를 가리키는 파밤pavam이라는 단어는 개인적인 죄책과 책임의 개념보다는 불행의 개념을 훨씬 많이 담고 있기 때문에 성경에서 말하는 '죄'와는 거리가 있다. 그리고 '구원'을 가리키는 랏치푸ratchippu라는 단어는 일차적으로 지지와 음식을 제공한다는 뜻을 갖고 있다. 콘지베람에서 사역하던 스코틀랜드 교회 소속의 위대한 선교사 맥클린 박사는 타밀어 성경의 디모데전서 1장 15절에 사용되고 있는 단어들은 사실상 "그리스도 예수께서 부랑자들에게 무료 숙식을 제공하시려고 세상에 임하셨다"는 뜻을 갖고 있다고 말하곤 했다. 그래서 우리와 우리 교회들이 행하는 다양한 자선활동을 보는 힌두교인은 자신이 그 텍스트를 잘 이해했다고 생각하기 쉽다. 이 때문에 나는 '구원'이라는 단어에 대해 '온전함wholeness'을 의미하는 산스크리트어 어원과의 연관성을 추적하여 그 진정한 뜻을 이해시키려고 애썼다. 사실 이 어원은 타밀어에서 흔히 사용되는 아주 많은 단어들의 뿌리이다. 우호적인 한 비평가는 구원을 '온전케 하다'는 말로 정의하는 게 과연 정당한지의 여부를 물었고, 어쩌면 나의 수정안이 적절하지 않을지도 모른다고 지적하기도 했다. 그러나 나는 평범한 사람들을 대상으로 삼는 책에서 이런 접근을 취하는 것이, 타밀인의 흔한 오해와 성경의 전반적인 가르침에 비추어 볼 때 충분히 정당화될 수 있다고 생각한다.

만일 누구든지 나처럼 '완성된 그리스도의 사역'이라는 어구가 고귀하고 필수적인 진리를 나타낸다고 믿는다면, 달리 말해서 객관적이고 최종적인 어떤 일이 이 세계와 하나님 사이의 전반적인 관계를 위해 골고다에서 완수되었다고 믿는다면, "어떻게 우리가 구원을 받을 수 있는가?"라는 질문에 어떻게 답변하는가는 중대하고도 어려운 문제다. 이 주제에 관한 장章을 쓰게 되었을 때 나는 그것을 어떤 순서로 다룰 것인지를 결정하지 않으면 안 되었다. 내가 성장 시절에 몸담았던 전통을 따른다면 '믿음'에 관한 대목에서 시작하여 '교회'에 관한 내용으로 끝내는 게 보통일 것이다. 오랜 성찰 끝에 나는 그 순서를 뒤집기로 결정했다. 우리가 외적이고 가시적인 것에서 시작하여 내적이고 영적인 것으로 움직이든지, 아니면 이와 정반대 방향으로 진행하든지 그것은 그리 중요한 문제가 아닐지도 모른다. 하지만 내가 앞의 방향을 정한 데는 두 가지 타당한 이유가 있다. 첫째는 이것이 신약성경의 독자가 따르게 되는 순서

이기 때문이다. 사도행전이 서신들보다 앞에 나온다는 뜻은 곧 교회의 내적 삶에 대한 실마리보다 교회라는 실재가 선행한다는 것이다. 둘째로는 이것이 비그리스도인이 그리스도 앞에 나아올 때 따라야 할 순서이기 때문이다. 그의 눈에 보이는 것은 자기 마을에 있는 가시적인 회중이다. 그리고 그에게 구원의 선물을 제공하는 것도 그 회중이다. 그는 교회의 교제권 안에 들어왔을 때에야 비로소 교회의 내적 자원에 대한 깊은 이해에 도달하게 된다.

나는 이 책을 쓸 때 굉장히 시간에 쫓기고 있었고, 교회 일꾼들의 공부 계획에 맞추어 끝내야 한다는 압박감에 시달렸다는 것을 시인해야겠다. 대부분의 내용을 출장 중에 쓰다 보니 참고자료가 없이 쓸 수밖에 없었다. 그래서 이 주제에 관해 다룬 어떤 책들에 내가 빚을 졌는지를 아예 밝히려고도 하지 않았다. 단, 포크 해협(인도의 타밀나두 주와 스리랑카 사이의 해협—옮긴이)은 좁기 때문에 내 친구 D. T 나일즈Niles 박사의 넉넉한 보물 가운데 한 조각을 훔쳐왔다는 것은 고백하는 게 좋겠다고 생각했다. 이와 더불어, 내가 이 글을 쓰기 직전에 시그리드 에스트본Sigrid Estborn 박사가 기독학생 시리즈를 위해 쓴 책, 「기독교의 구원 교리The Christian Doctrine of Salvation」의 원고를 훑어볼 수 있는 특권을 누렸다는 사실도 말해야겠다. 그 책은 내 사고에 큰 자극을 주었는데, 특히 내가 에스트본 박사와 의견을 달리하는 대목이 그랬고, 그것이 이 저술에 흔적을 남긴 것은 분명한 사실이다.

끝으로, 타이프라이터로 친 원고가 곧바로 SCM 출판사로 보내지는 바람에 나는 그것을 다시 볼 수 없었다. 그래서 완전히 그들의 손에 맡겨야 했고, 늘 그랬듯이 그들이 보여준 세심한 작업과 정성스런 손길에 감사할 따름이다. 이 작은 책이 다른 사람들을 우리가 공유하는 구원의 신비와 기쁨에 합류하게 하는 도우미 역할을 하게 되기를 바란다.

1956년 3월

마두라이 주교 레슬리 뉴비긴

SCM 출판사 주

정해진 기간 내에 '종교서적 클럽'과 함께 인쇄를 서둘러야 했던 상황이었기에 저자의 수정사항을 이 책에 반영할 수 없었다. 뉴비긴 주교가 원고를 교정했지만 교정본이 인도에서 영국으로 오는 도중에 분실되고 말았다는 것을 밝히는 바이다.

1. 구원이란 무엇인가?

I. 사람의 네 가지 모순 상태

우리는 어디서 또 언제 보든지, 사람이란 존재가 자기모순 덩어리임을 발견한다. 그는 스스로 분열되어 있고 주위 환경과도 분열되어 있다. 그는 스스로 평화롭지 못하고 이 세계와도 평화롭지 못한 상태에 있다. 이런 자기모순 상태를 자세히 살펴보면 사람이 다음 네 가지 방식으로 모순 상태에 빠져 있음을 알 수 있다.

사람은 자연세계와 모순된 상태에 있다

사람은 자연세계의 일부다. 그의 몸은 많은 동물들과 마찬가지로 살과 피와 뼈 등 여러 요소들로 구성되어 있다. 그는 동물과 같이 적당한 양식과 물과 공기와 온도 등에 의존하고 있어서 이런 것들이 없으면 죽고 만다.

그러나 사람은 자연세계와 평화롭지 못한 상태에 있다. 물론 다른 동물들과 마찬가지로 사람은 생존을 위한 투쟁으로 양식을 위해 다른 동물을 죽이기도 하고, 힘과 잔꾀를 이용하여 스스로를 보호하기도 한다. 이런 종류의 갈등은 자연세계 전역에 퍼져 있으며 사람 역시 여기에 속해 있다.

그런데 이것이 전부가 아니다. 사람은 동물들과는 다른 관계를 자연세계와 맺고 있다. 먼저 사람은 그 어떤 동물과도 달리 자연세계를 자기 뜻에 굴복시키려고 노력해 왔다. 그는 동물을 길들여서 필요한 일에 이용하고, 식물을 재배하고, 땅과 바다의 자원을 개발해 왔으며, 불과 전력과 원자력을 만들고 통제하는 법을 발견했다. 그럼에도 불구하고 사람과 자연 사이에는 평화가 없다. 왜냐하면 사람의 욕망은 자연이 도무지 만족시킬 수 없을 만큼 크기 때문이다. 동물의 경우 충분한 양식과 물, 보금자리와 번식의 기회를 주면 만족할 것이다. 그러나 사람은 그런 것들로 만족하지 않는다. 그는 한없는 욕망 때문에 고통에 시달리고, 그 욕망의 본질도 모르는 채 자연(본성)적인 것을 더 많이 소유하려고 하다가 폭식가나 술고래나 성도착자가 된다. 사람은 본래 하나님만이 만족시킬 수 있는 존재로 창조되었기 때문에 그의 욕망이 무한한 것이다. 그래서 그가 자연적인 것으로 한없는 욕망을 만족시키려 할 때는 스스로를 망가뜨리게 된다.

사람은 동료 인간과 모순된 상태에 있다

이에 관해서는 굳이 많이 쓸 필요가 없다. 가인과 아벨의 시대로부터 사람들은 서로 싸우고 서로 미워하고 서로 죽이는 행위를 계속해 왔다. 어디로 눈을 돌리든지 싸움을 목격하게 된다. 나라와 나라, 계급과 계급, 인종과 인종 간, 그리고 심지어는 한 가족 내에서도 형제와 형제, 자녀와 부모 간에 싸움이 일어난다. 이런 싸움이 멸망과 불행만을 초래한다는 것을 모든 사람이 알고 있음에도, 협력하지 않으면 우리가 망할 수밖에 없다는 것을 알고 있음에도, 사랑이 최고의 선이며 사랑이 없는 인생은 살 가치가 없다는 것을 알고 있음에도 불구하고, 사람들은 서로서로 싸움을 일삼는다. 각 사람은 타인의 유익보다 자기 유익을 구하기 때문에 각각 자기 이익을 구하는 타인과 경쟁을 하게 된다. 사람은 타인을 자기를 위협하는 존재로 본다. 그러므로 사람은 사람과 분열되어 있고, 인류는 통일된 한 가족이 되지 못하고 끊임없는 내분으로 갈기갈기 찢겨져 있는 것이다.

사람은 자기 내면과 모순된 상태에 있다

각 사람의 내면은 하나의 통일체가 아니다. 사람의 마음은 그 속에서 많은 세력들이 서로 싸우고 있는 일종의 공화국이다. 그 마음의 주권에 반란을 일으키는 강력한 본능적 세력들이 존재한다. 사람의 몸은 언제나 의지에 순종하는 도구가 결코 아니며, 그의 마음 내부에도 상충되는 욕망들이 있다. 두려움, 야망, 질투, 미움 등 서로 갈등하며 본인의 목적과도 갈등을 일으키는 감정들이 생겨서 그를 망가뜨리려고 위협한다. 무엇보다도, 각 사람의 내면에는 그가 마땅히 행해야 한다고 생각하는 일과 그가 실제로 행하는 일 사이에 커다란 분열이 존재한다. 그래서 사도 바울은 "내가 원하는 바 선은 행하지 아니하고 도리어 원하지 아니하는 바 악을"(롬 7:19) 행한다고 말하는 것이다. 정도의 차이는 있지만, 사람의 실제 상태와 그의 당위적인 상태 간의 이런 자기모순은 각 사람의 영혼을 관통하고 있다. 사람 그 자체가 자기모순 덩어리인 셈이다.

사람은 하나님과 모순된 상태에 있다

이것은 다른 모든 모순의 근거가 되는 기본적인 모순이다. 사람은 자신의 창조주에 반란을 일으킨 피조물, 자기 존재의 뿌리로부터 자신을 잘라버린 피조물이다. 이로 말미암아 그는 자신을 포함한 모든 창조세계와 모순된 상태에 있는 것이다. 사람은 하나님의 형상으로, 하나님을 위해, 하나님의 뜻을 행하도록 창조된 존재임에도 불구하고 하나님의 뜻을 행하고 싶어하지 않는다. 오히려 자신의 본성을 거스르려고 애쓴다. 그는 겸손과 믿음과 순종의 자세로 하나님의 자녀로 살아가도록 그분의 형상으로 창조되었다. 그러나 하나님과 상관없이 자신의 힘과 지혜와 선행에 의지하여 사는 길을 택한다. 사람은 "나는 하나님의 뜻에 따라 행하겠다"고 말할 때조차도 자기의 권리와 자기의 힘으로 그렇게 행하고, 하나님이 아니라 자신에게 영광을 돌리고 싶어 한다. 그는 하나님의 영광만을 구하지 않고 자신의 의로움을 구하기를 바란다. 이와 같은 사람과 하나님 간의 모순은 다른 모든 모순들의 뿌리에 해당한다. 이처럼 사람은 자기 존재의 근원과 대립함으로써 스스로를 자기 자신, 동료 인간, 그리고 세계와 모순된 상태에 두게 되는 것이다.

사람은 이런 모순 상태에 있기 때문에 속박에 빠지게 된다. 그는 더 이상 자유롭지 못하고, 감당할 수 없는 적대적 세력들에 사사건건 부딪혀서 한계에 봉착한다. 주변 세상에 있는 악의 세력, 그 영혼 속에 있는 죄의 세력, 생명에 종말을 고하는 죽음의 세력 등은 모두 힘을 합쳐 사람에게서 자유를 빼앗는다. 그리고 그에게는 이런 적대적인 세력들을 이기고 자신을 해방시킬 만한 힘이 없다. 이 속박의 본질과 이유에 관해서는 다음 장에서 자세히 살펴볼 예정이다.

II. 속박에서 벗어나 온전하게 함

그러므로 속박과 자기모순 상태에 빠져 있는 사람에게 구원의 메시지가 전해진 셈이다. 구원이란 사람이 이런 속박에서 벗어나는 것과 우리가 논한 여러 모순들을 극복하는 것을 뜻한다. 우리가 '구원하다'로 번역하는 그리스어 단어는 '온전케 하다'라는 뜻이다. 이는 '온전함'을 뜻하는 산스크리트어 사르바*Sarva*와 같은 뿌리에서 나온 단어로, 상처 난 곳을 치유하고, 부러진 것을 고치고, 속박된 것을 풀어 준다는 뜻을 갖고 있다.

구원은 창조 당시의 하나님의 본래 목적을 성취하는 것을 의미한다. 하나님이 세계와 인류를 창조했을 때, 그분의 목적은 인류가 사랑의 끈으로 그분에게 또 서로에게 묶인 한 가족이 되는 것과, 세계가 그분의 자녀들에게 알맞은 본향이 되는 것이었다. 하나님의 목적은 사람들이 하나님을 아는 지식과 그분에 대한 사랑 안에서, 그분께 순종하는 가운데 서로 교제하면서 사는 것이었다. 우리는 다음 장에서 어떻게 죄가 들어와서 그 본래의 계획을 망쳤는지를 살펴보고, 죄를 이기기 위해, 사람을 그 속박에서 구출하기 위해, 그리고 그를 다시 온전케 하기 위해 하나님이 어떻게 행하셨는지를 알아볼 것이다.

그 온전함wholeness이 바로 구원이다. 이에 대해 성경은 그림과 상징들을 이용하여 다양한 방식으로 설명하고 있다. 장차 모든 나라와 부족과 민족들이 하나님을 예배하려고 하나로 모일 것이다. 모든 전쟁과 미움이 그칠 것이다. 슬픔이 없고 탄식도 없을 것이다. 죽음도 없어질 것이다. 야생 동물들도 평화를 되찾아 이리와 어린 양, 곰과 소가 평화롭게 지낼 것이다. 이 세상의 모든 왕국은 하나님의 왕국이 될 것이다. 하나님이 친히 그들과 함께 살며 그들의 하나님이 될 것이다. 만국의 모든 영광과 존귀가 하나님의 거룩한 도시로 들어올 것이고, 속된 것이나 더러운 것은 결코 들어올 수 없을 것이다. 이렇게 성경은 하나님의 구원의 목적이 성취되는 모습을 묘사하고 있다. 모든 인류는 한 아버지의 자녀로, 한 거룩한 가족으로, 새로 창조된 땅과 하늘에서 다함께 살게 되리라. 이것이 바로 구원이다. 우리는 이 구원의 담보가 되는 첫 열매를 받았기 때문에 그것이 완성되는 날을 갈망하고 있다. 하나님께서 우리에게 구원의 담보를 주셨기 때문에 현재 우리는 그 구원을 어느 정도 알고 있다. 하지만 하나님께서 시작하신 일을 완성하실 때까지는 우리가 그것을 완전히 알 수는 없을 것이다.

2. 죄란 무엇인가?

I. 죄의 시작: 죄는 어떻게 세상에 들어왔는가?

만일 당신이 "죄란 무엇인가?"라고 묻는다면, "죄란 하나님에 대한 불순종"이라고 간단하게 대답할 수 있다. 죄가 인간의 삶 속으로 들어온 경위를 묘사하는 창세기의 첫 부분을 자세히 공부하면 죄의 본질에 관해 잘 이해할 수 있을 것이다.

창조: 하나님은 사람을 자기의 형상대로 창조하셨다

"하나님이 말씀하시기를, '우리가 우리의 형상을 따라서 우리의 모양대로 사람을 만들자. 그리고 그가 바다의 고기와 공중의 새와 땅 위에 사는 온갖 들짐승과 땅 위를 기어 다니는 모든 길짐승을 다스리게 하자' 하시고, 하나님이 당신의 형상대로 사람을 창조하셨으니, 곧 하나님의 형상대로 사람을 창조하셨다. 하나님이 그들을 남자와 여자로 창조하셨다"(창 1:26-27, 새번역).

이 대목이 성경의 기본 텍스트 중의 하나라는 것은 모두가 인정할 것이다. 이 구절들을 면밀히 살펴보자. '하나님의 형상'이라는 말은 무슨 뜻인가? 사람의 외모가 하나님의 외모와 똑같다는 뜻이 아님은 무척 자명하다. 하나님은 외모가 없기 때문이다. 하나님은 영Spirit이시고, 사람은 영spirit과 몸body을 갖고 있다. 그런데 성경이 하나님이 자기 영의 형상대로 사람의 영을 창조했다고 말하지 않고, 하나님이 자기의 형상대로 사람을 창조했다고 말하는 것을 주목할 필요가 있다. "하나님이 그들을 남자와 여자로 창조하셨다." 그런데 '하나님의 형상대로'란 과연 무슨 뜻일까?

동전에 새겨진 어느 왕의 머리의 형상은 그 동전의 일부이므로 결코 분리될 수 없다. 왕이 죽더라도 그 형상은 동전에 그대로 남는다. 그런데 이와 다른 종류의 형상도 있다. 구름 한 점 없는 고요한 밤이면 우리는 호수 물에 비친 달의 형상을 볼 수 있다. 바람이 불어 물결이 치거나 구름이 달을 가리지 않는 한 그 형상은 또렷하고 아름답게 빛날 것이다. 그러나 구름이 달과 지구 사이에 끼어들면 그 형상은 사라질 터이고, 만일 물이 바람에 흔들리면 그 형상은 흩어지고 일그러질 것이다. 따라서 물에 비친 달의 형상이 그 물에 속하지 않는 것은 동전에 새겨진 왕의 형상이 그 동전에 속하지 않는 것과 같다. 그 형상은 달과 물 사이의 어떤 관계에 달려 있는 것이다. 만일 이 관계가 깨어지면 그 형상도 비뚤어지거나 사라지게 된다(이 예화는 나일즈 박사에게서 들은 것이다).

이 비유는 사람에게 있는 하나님의 형상을 이해하는 데 도움을 준다. 그 형상은 동전 위의 형상보다 물에 비친 형상에 더 가까운데, 형상의 존재는 하나님과 사람 간의 관계에 달려 있다. 사람과 다른 모든 피조물 사이에 차이점이 있다면 그것은 사람의 사람다움은 하나님과의 관계에 달려 있다는 점이다. 개의 개다움은 그 자체 속에 있다. 그러나 사람의 사람다움은 그 자체 속에 있지 않고 그 자신과 하나님과의 관계 속에 있는 것이다. 만일 이 관계가 파괴되면 그는 더 이상 인간이 아니라 짐승이 되고 만다. 사람의 사람다움은 하나님을 믿고 사랑하고 순종하는 관계를 그분과 맺고, 하나님의 사랑을 받으며 살아가는 데 달려 있다는 말이다. 사람이 하나님에게 등을 돌리면 그 형상은 비뚤어지고 망가져 버린다. 만일 하나님이 사람에게 등을 돌린다면, 하나님의 형상은 완전히 실종되고 사람은 더 이상 사람다운 존재가 아닐 것이다.

그러므로 사람의 본성은 사랑 안에서, 사랑에 의해, 사랑을 위해 창조되었다는 점에 있다. 사랑은 인간 존재의 근원이자 목적인 셈이다. 그래서 사람은 홀로 살 수 없다. 이 때문에 하나님이 자기의 형상대로 사람을 창조했다고 말하는 바로 그 성경구절에 "하나님이 그들을 남자와 여자로 창조하셨다"는 문장이 뒤따라오는 것이다. 하나님은 사람을 창조할 때 한 개인이 아니라 '남자와 여자'를 함께 창조하셨다. 하나님 자신도 한 개인이 아니기 때문이다. 하나님은 인격적인 분이지만 한 인격은 아니다. 그분은 아버지와 아들과 성령, 곧 삼위인 동시에 한 하나님이다. 그 안에서 사랑을 주고받기 때문에 완전한 사랑이 존재하는 한 인격적 존재다. 하나되게 하시는 연합 안에서 아버지는 아들을 사랑하고 아들은 아버지를 사랑한다. 우리가 "하나님은 사랑이다"라고 말할 때는 사랑의 충만함이 하나님 안에 존재한다는 뜻이다. 그런데 사랑의 충만함은 사랑을 주고받는 곳에만 존재할 뿐, 한 개인 속에는 존재할 수 없다. 그렇기 때문에 하나님이 사람을 자기의 형상대로 창조하실 때 그들을 남자와 여자로 창조하신 것이다. 하나님의 형상은 한 개인이 아니라 사랑으로 묶인 '남자와 여자'를 통해 나타나는 것이다. 그러니까 하나님은 사람의 체질 속에 사랑을 받을 필요성과 사랑을 줄 수 있는 가능성을 모두 심어 놓은 셈이다.

이제 우리는 하나님이 자기의 형상대로 사람을 창조했다는 말의 뜻을 분명히 알 수 있다. 말하자면, 사람의 본성은 하나님의 사랑을 반영하는 데서 찾을 수 있다는 뜻이다.

사람의 존재는 하나님에 대한 사랑과 다른 인간들에 대한 사랑의 관계 속에 있다. 뒤에서 우리는 사람이 이 사랑의 능력을 자기만을 사랑하는 데 이용했기 때문에 그 형상이 비뚤어져 버린 경위를 살펴보게 될 것이다.

한계: 하나님은 사람에게 창조세계를 즐기도록 주셨지만

한계를 두셨다(창 2:7-17)

성경 이야기에 따르면, 하나님은 그분의 멋진 창조세계를 사람의 손에 맡기며 그에게 그것을 즐기라고 말씀하셨다. 사람을 하나님의 소유물을 관리하는 청지기로 삼은 것이다. 그리고 우리가 알고 있듯이 사람은 이 특권을 훌륭한 솜씨로 수행했다. 그는 나무와 채소, 짐승과 새와 물고기를 각각 용도에 맞게 잘 이용했다. 그는 불과 번개와 원자 등 땅과 바다와 하늘에 있는 자원들을 개발했다. 그리고 만물을 자기의 필요에 따라 다스리려고 노력했으며, 오늘날에는 달을 비롯한 여러 행성에까지 날아가 거기서도 자기의 위력을 떨치려는 계획을 수립하고 있다. 사실 사람은 자신의 능력이 무한하고 자기가 할 수 있는 일에 한계가 없다고 믿고 싶은 유혹을 받는다.

그러나 한계가 있다. "여호와 하나님이 그 사람에게 명하여 이르시되 동산 각종 나무의 열매는 네가 임의로 먹되 선악을 알게 하는 나무의 열매는 먹지 말라. 네가 먹는 날에는 반드시 죽으리라"(2:16-17). 하나님은 사람에게 무척 큰 독립성을 부여하셨다. 하지만 완전한 독립성은 아니었다. 만일 그것이 완전한 독립성이었다면, 그것은 사람을 하나님의 형상으로 창조한 일과 양립할 수 없을 것이다. 사람의 본성은 본래 사랑을 위해 사랑 안에서 창조되었다는 점에 있는 만큼 완전히 독립할

죄란 무엇인가

수 없기 때문이다. 사랑이란 독립성과 의존성 둘 다를 의미한다. 만일 사람이 완전히 하나님께 등을 돌릴 수 있고 따라서 완전히 독립적인 존재가 될 수 있다면, 그는 더 이상 사람이 아닐 것이다. 사람이라는 존재의 핵심은 하나님의 사랑을 반영하는 데에 있기 때문이다.

그러므로 선과 악을 아는 참 지식은 오로지 사람이 하나님께 그것을 구할 때에만 주어질 수 있을 뿐이다. 사람의 능력이 아무리 크다고 해도, 그가 자기를 창조한 하나님께 선과 악을 아는 지식을 겸손히 구할 때에만 그것을 알 수 있는 것이다. 사람은 하나님이 주신 독립성으로 원자력을 이용하는 법까지 배웠다. 그러나 사람이 자기 힘으로 선과 악을 결정하려고 애쓰고 하나님으로부터 그 지식을 겸손히 구하지 않기 때문에, 그의 능력이 무서운 전쟁으로 그 자신을 파괴하려고 위협하는 지경에 빠지고 말았다.

인간의 욕망: 사람은 하나님과 같이 되고 싶어서
한계를 어기고 죄에 빠진다(창 3:1-16)

사람은 하나님의 형상으로 창조된 존재이지만 결코 하나님은 아니다. 이런 지위 때문에 유혹과 죄가 들어올 여지가 생긴다. 유혹은 하나님의 선하심에 대한 불신과 함께 시작된다. 유혹하는 자는 하와에게 아주 교묘한 말투로, 하나님이 사람에게 모든 나무의 열매를 먹을 수 있는 완전한 자유를 마땅히 주셨어야 한다고 넌지시 말한다. 아울러 하나님이 사람에게 한계를 두셨다는 사실은 하나님의 사랑에 무언가 빠져 있음을 보여준다고 말한다. 이 불신이 유혹의 출발점이다. 하나님 아버지의 선하심에 대한 완전한 신뢰가 있는 곳에는 결코 유혹이 들어설 여지가 없다. 불신이 바로 죄의 시작이다. 불신은 사실상 죄의 뿌리이자 근거에 해당한다.

유혹하는 자는 먼저 여자의 마음속에 불신의 씨앗을 뿌린 뒤에 그녀의 머릿속에 새로운 생각을 집어넣는다. 바로 "너희가 하나님과 같이"(3:5) 될 것이라는 발상이다. 사람이 하나님을 완전히 신뢰하기를 그만둘 때, 그 다음 단계는 스스로 하나님이 되고 싶어 하는 것이다. 그는 자기의 인생을 다스리고, 미래를 예측하고, 무엇이 선하고 무엇이 악한지를 결정하고, 남을 판단하고, 세계의 중심이 되고 싶어 한다. 이것이 바로 다 자란 죄다. 죄란 각 사람이 세계의 중심이 되고 싶어 하는 것, 자기의 유익을 다른 어떤 것보다 더 중요하게 여기는 것을 의미한다. 달리 말하면, 죄란 사람이 하나님이 되고 싶어 하는 것이다. 그는 온 마음과 뜻과 정성과 힘을 다하여 하나님을 사랑하는 대신에 그 자신을 사랑한다. 그리고 하나님께 마땅히 돌려야 할 영광을 자신에게 돌린다.

이로써 우리는 사람이 하나님의 형상으로 창조되었다는 사실에서 어떻게 죄를 범할 가능성이 생기는지를 알게 된다. 사람의 진정한 삶은 하나님을 향한 애정 어린 믿음, 하나님을 만물의 중심으로 인정하는 일, 그분을 신뢰하고 순종하는 일에 있다. 그러나 사람은 하나님을 알고 사랑하는 능력을 갖춘 하나님의 형상으로 창조되었기 때문에, 하나님의 자리에 자신을 놓고 하나님 대신에 자신을 사랑하고픈 유혹을 받는 것이다. 이것이 바로 죄다.

구원이 무엇인지를 이해하기 위해서는 죄의 본질은 불신이고, 죄의 반대는 믿음이라는 점을 아는 것이 매우 중요하다. 우리는 흔히 죄의 반대는 의로움이라고 생각하지만, 성경에 따르면 죄의 반대는 믿음이다. 우리가 이 점을 잘 이해하면 우리를 위해 그리스도 안에서 성취된 구원을 이해할 수 있을 것이다.

불순종의 결과: 사람은 하나님의 면전에서 쫓겨나
저주 아래에 놓인다(창 3:7-4:15)

사람이 하나님에게서 받은 본성을 거스르고 하나님이 두신 한계를 넘어섰기 때문에 삶의 통일성과 조화가 단번에 철저히 깨지고 말았다. 이는 다음 네 가지 방식으로 나타난다.

먼저, 사람의 내면에 불협화음이 존재한다. 그는 특히 성기를 비롯한 자기 몸에 대해 부끄러움을 느끼고 벌거벗은 몸을 가리려고 애쓴다. 둘째로, 그는 자신의 행동을 부끄럽게 여기고 남의 탓으로 돌리며 변명을 하려고 애쓴다(3:12-13). 그러므로 사람은 더 이상 통일체가 아니다. 그의 영은 몸과 분열되어 있고, 그의 양심은 자아와 분열되어 있는 등 스스로 분열되어 있는 상태다. 따라서 그 자신 속에 분쟁이 생기게 될 것이다.

다음으로, 사람과 자연 사이에 불협화음이 존재한다. 사람은 더 이상 자연세계 속에서 편안함을 느낄 수 없다. 이 땅과 식물과 짐승들은 더 이상 그의 친구가 아니고, 그는 생계유지를 위해 그것들과 싸워야 할 것이다(3:17-19). 해산의 자연스러운 과정이 순전한 기쁨이기보다 심히 고통스러운 경험이 될 것이다(3:16). 그의 마음속에는 동산에서 이 세계를 편안하게 느끼며 지냈던 시절, 곧 낙원에 대한 추억이 늘 남아 있을 것이다. 그러나 이제는 더 이상 그 시절로 되돌아갈 수 없다(3:23-24).

또 사람과 사람 사이에 불협화음이 존재한다. 사람은 스스로 세계의 중심이 되려고 했기 때문에 질투와 미움과 상호 투쟁이 그의 삶을 지배하는 법칙이 될 것이다. 이제는 형제들이 서로 사랑하고 협력하며 다함께 사는 일이 자연스럽지 않을 것이다. 형제는 형제를 시기하여 그를 살해하고 형제로서의 책임을 부인할 터이고, 온 땅은 싸움과 죽음이 가득 찬 곳으로 변모할 것이다(4:1-15).

그 무엇보다도 사람과 하나님 사이에 불협화음이 존재한다.

죄란 무엇인가

하나님이 사람을 부르면, 이제는 자녀가 아버지에게 달려가듯 기쁘게 달려가지 못한다. 그와 반대로, 사람은 하나님의 음성을 두려워하여 몸을 숨긴다(3:9-10). 사람은 하나님의 적이 된다. 그는 결코 하나님의 눈을 피할 수 없다는 것을 알면서도 그분을 회피하려고 애쓴다. 하나님의 음성은 그에게 공포감을 안겨 준다. 하나님의 법인 사랑은 더 이상 그의 삶을 채색하는 법이 아니다. 그는 사랑의 법을 지킬 수 없다는 것을 알기 때문에 그것은 그를 위협하는 계명이 된다. 그리하여 인류의 이야기는 곧 하나님이 오랫동안 끈기 있게 사람을 찾는 이야기, 곧 하나님을 찾는 체하지만 실은 언제나 하나님에게서 도망치고 몸을 숨기는 사람을 찾는 이야기가 될 것이다.

창세기의 첫 장이 우리에게 제공하는 내용은 지리학이나 과학이나 역사가 아니다. 그것은 그림으로 표현된 사람에 관한 진실이다. 말하자면, 사람의 창조, 사람의 본성, 사람의 죄 등에 관한 진리라는 뜻이다. 물론 우리가 인류의 시초, 세계의 본질, 인간의 역사에 관해 배울 수 있는 통로는 이 밖에도 많이 있다. 이런 것을 배우려고 역사학과 생물학과 천문학 등을 공부하는 것이다. 하나님이 성경을 통해 우리에게 주신 것은 하나님이 사람에게 주신 세계, 죄가 그 세계를 타락시킨 경위, 하나님이 우리에게 마련해 주신 구원 등에 관한 계시다.

II. 죄의 본질: 죄의 씨앗은 어떻게 더 큰 죄를 낳는가?

우리는 성경을 통해 죄의 본질이 무엇인지를 배우게 된다. 앞의 설명으로 죄의 본질 중 어떤 측면들은 분명해졌다. 죄란 사람이 하나님에게서 분리되고 소외되고 등을 돌림으로 말미암아 그 본성이 타락한 것을 말한다. 이제 죄의 본질을 좀 더 자세히 살펴보도록 하자.

죄: 인간 본성의 중심이 타락한 것

어떤 사람들은 죄라는 것이 우리가 범하는 실수일 뿐이라고 설명하곤 한다. 그런 사람들은 보통 이런 식으로 주장한다. 선한 사람이라도 때로는 실수를 하기 마련이다. 그의 의도는 좋지만 무지해서, 혹은 인간 본성의 연약함 때문에 넘어질 때도 있다. 마음은 선하지만 항상 그런 선한 의도에 걸맞게 살 수 있는 능력은 없다. 그렇기 때문에 우리는 그를 너무 심하게 정죄하거나 죄인이라고 불러서는 안 된다. 오히려 그 사람이 교육과 인격 형성을 통해서 자기의 결함을 극복할 수 있다고 믿고 그를 도와주어야 한다. 사실 마음만 보면 대다수의 사람이, 아니 모든 사람이 정말로 선하다고 할 수 있다. 그들이 실수를 범하기는 하지만 이 문제는 훈련으로 얼마든지 극복할 수 있다. 이 목표를 달성하려면 우리가 사람들을 죄인이라고 불러서는 안 되고, 그들에게서 최선의 모습을 끌어내기 위해 그들을 격려하고 스스로 자신감을 품도록 도울 필요가 있다.

그러나 예수는 이 문제를 그런 식으로 보지 않았다. 그분은 "좋은 나무가 나쁜 열매를 맺을 수 없고, 못된 나무가 아름다운 열매를 맺을 수"(마 7:18) 없다고 말씀하셨다. 우리의 나쁜 행실과 말에 대해 '실수'에 불과하다고 말하는 것으로는 충분치 않다. 오히려 "그런 언행이 어디서 오는가?"라고 물어야 한다. 이에 대해 "그런 것은 속에서, 곧 내 마음과 생각으로부터 나온다"고 말하는 것이 유일한 정답이다. 예수는 이 진리를 다양한 방식으로 거듭해서 강조하신다. "선한 사람은 선한 것을 쌓아 두었다가 선한 것을 내고, 악한 사람은 악한 것을 쌓아 두었다가 악한 것을 낸다. 내가 너희에게 말한다. 사람들은 심판 날에 자기가 말한 온갖 쓸데없는 말을 해명해야 할 것이다"(마 12:35-36, 새번역). 그리고 다시 이렇게 말씀하신다. "사람에게서 나오는 것, 그것이 사람을 더럽힌다. 나쁜 생각은 사람의 마음에서 나오는데, 곧 음행과 도둑질과 살인과 간음과 탐욕과 악의와 사기와 방탕과 악한 시선과 모독과 교만과 어리석음이다. 이런 악한 것이 모두 속에서 나와서 사람을 더럽힌다"(막 7:20-23, 새번역).

악한 행실과 말은 악한 마음이라는 질병의 외적인 증상일 뿐이다. 이것이 죄다. 이는 '실수'에 불과한 것이 아니라 선으로부터 소외되어 악을 추구하는 마음과 생각 그 자체다. 교육과 훈련과 인격 형성이 악한 마음을 상당히 억제할 수는 있지만 그것을 제거할 수는 없고, 그 악한 본성은 다른 방식으로 표출될 것이다. 죄는 인성의 중심에 자리를 잡고 있는 그 무엇이다. 그것은 사람의 마음과 영혼의 타락 그 자체다.

이는 죄라는 것이 일차적으로 몸의 문제가 아님을 뜻한다. 그런데 많은 철학자들은 죄가 몸의 문제라고 가르쳐 왔다. 고대 그리스인들은 사람의 영혼을 하나님의 본성의 불꽃으로 보고, 그것은 선한 것이지만 몸속에 갇혀 있어서 그 신적 본성을 성취하지 못한다고 가르쳤다. 그들은 몸을 악한 것으로 간주한 나머지 몸의 정욕을 극복하는 방법을 정결에 관한 가르침의 핵심으로 삼았다. 이런 가르침은 인도에도 무척 흔한 편이다. 사람들이 '죄'라는 말을 입에 담을 때는 주로 육체의 정욕에서 나오는 죄들을 가리킨다. 그러나 성경은 죄의 뿌리가 몸이 아니라 마음과 영혼에 있다고 가르친다. 가장 끔찍한 죄는 불신과 교만과 독선 같은 영적인 죄들이다. 신약성경을 보면 하나님의 아들을 살해하는 일에 앞장섰던 인물들은 평소에 '죄인'이라고 불리던 사람들이 아니라 '의인'이라고 불리던 종교 지도자들이었다. 이유는 죄의 본질이 영적인 성격을 지니고 있기 때문이다. 죄는 전인全人, 곧 몸과 마음과 영혼을 타락시킨다. 하지만 죄의 뿌리는 인간 본성의 중심, 곧 그의 마음과 영혼 속에 있다.

죄란 무엇인가

죄의 뿌리: 불신

창세기 이야기에 따르면, 죄는 하나님에 대한 불신에서 시작되었다. 하나님은 만물을 존재하게 하는 근원이다. 그분은 온 세계를 지탱해 주는 사랑이다. 그분이 사람을 그의 형상으로 만든 것은 (모든 피조물과 마찬가지로) 사람이 그 사랑에 의해 살 뿐만 아니라, 그 사랑을 알고 또 그에 보답하는 사랑으로 반응하게 하려는 것이었다. 사람은 하나님을 신뢰하고 사랑하면서 살 때에야 비로소 사람다운 존재가 된다. 죄는 인간 존재의 본질을 거스르는 것이다. 그것은 사람으로 하나님께 등을 돌리게 하고 그분을 불신하게 하고 그분을 사랑하지 못하게 막기 때문이다.

사람은 하나님을 알고 사랑하게 하려고 하나님의 형상으로 창조되었기 때문에 그 자신의 본성을 거스를 수는 있어도 그것을 파괴할 수는 없다. 만일 그가 하나님을 사랑하고 신뢰하지 못한다면 다른 무언가를 사랑하고 신뢰해야 한다. 그래서 그 자신을 사랑하는 것이다. 그러므로 죄는 곧 자기사랑self-love을 뜻하게 된다. 다른 사람에 대한 사랑, 곧 손을 뻗어서 하나님의 사랑을 붙잡아야 할 그 사랑이 자신의 내면으로 향하게 된다. 그는 하나님을 영화롭게 하지 않고 자기의 영광을 구한다. 하나님의 뜻을 기꺼이 행하지 않고 그 자신의 뜻을 행하려고 한다. 자기에게 필요한 모든 것을 위해 하나님을 의지하지 않고 그 자신을 의지한다. 하나님의 심판 앞에 고개를 숙이지 않고 다른 사람의 마음을 판단하며, 자기가 하나님인 양 행동하면서 스스로 심판자가 되려고 한다. 달리 말하면, 죄란 사람이 자기 인생의 중심을 하나님 안에서 찾지 않고 그 자신을 세계의 중심으로 삼으려고 하는 것을 뜻한다.

일단 이 끔찍한 타락의 씨앗이 인간 본성에 침투하면 계속해서 자라고 발전하여 갈수록 더 많은 타락의 열매를 낳는다. 죄의 뿌리에 해당하는 불신은 갈수록 사람을 죄악 속으로 더 깊이 몰아넣는다. 이제 이런 현상이 어떻게 일어나는지를 살펴보도록 하자.

불신이 낳는 죄: 불안과 거짓말

불신이란 사람이 참 하나님께 등을 돌리고 거짓 신, 곧 그 자신을 향하는 것을 의미한다. 그는 마치 자기가 세계의 중심인 것처럼, 자신의 유익이 세상에서 가장 중요한 것처럼, 다른 사람들이 자신의 유익을 위해 존재하는 것처럼 행동한다. 이런 행실은 물론 거짓말에 기초해 있다. 사람이 세계의 중심이 아니라 하나님이 중심이다. 마음속 깊은 곳에서 사람은 그것이 거짓말인 것을 알고 있다. 그는 자기가 세계의 중심이 아니라는 것을 안다. 그는 스스로 세계를 통제할 수 없을뿐더러 단 하루 동안 일어나는 일도 마음대로 좌우할 수 없다는 것을 알고 있다. 그는 온갖 모양으로 위협을 당한다. 질병이나 사별死別, 실업이나 사고와 같이 누구에게나 임할 수 있는 자연재해의 위협, 스스로 세계의 중심인 양 행세하며 그를 짓밟고 착취하려는 다른 사람들의 위협, 그리고 무엇보다도 죽음의 위협을 당하고 있다. 이 모든 일은 그를 불안하게 만든다. 이런 불안을 극복하기 위해 그는 자기가 만사의 주관자인 것처럼 더 강하게 주장하지 않으면 안 된다. 그는 온갖 모양으로 스스로를 보호하려고 애쓰고, 자기의 환경과 주변 사람을 통제하는 힘을 키우려고 노력한다. 그러나 그렇게 하면 할수록 불안은 더 커지기 마련이다. 자기를 보호하려고 부를 축적하면 할수록 그것을 잃어버릴까봐 더욱 노심초사한다. 동료 인간들 사이에서 지도자가 되려고 애쓰면 애쓸수록 타인들과의 경쟁을 더욱더 두려워한다. 이생에서의 안전을 추구하면 할수록 죽음을 더 무서워하게 된다. 두려움이 커질수록 진리를 가로막으려고 더 노력하고, 진리를 가로막으려고 노력할수록 두려움은 더 커진다. 성공을 하면 할수록 더더욱 진리를 보지 못하게 된다. 그리하여 그의 마음에 있는 거짓말은 마침내 온통 부정직한 행실을 낳는다. 그의 양심마저 타락해서 악한 일을 선한 것으로 믿으며 행한다. 따라서 유대의 종교 지도자들은 자기들이 하나님을 섬기고 있다고 믿으면서 그리스도를 십자가에 죽인 것이다. 그렇기 때문에 예수는 그들로 하여금, 그들이 '본다'

고 말하나 실은 눈이 멀었다는 것을 깨닫게 하려고 그토록 심한 말을 하지 않을 수 없었던 것이다(요 9:39-41). 죄는 눈을 멀게 하는데, 그렇게 눈이 먼 사람은 자기가 눈이 멀었다는 사실을 알지 못한다. 사도 바울의 말대로 그들은 "불의로 진리를 막는"(롬 1:18) 것이다.

불신이 낳는 죄: 우상숭배

사도 바울은 로마서 1장 18절에서 32절까지 불신이 낳는 점진적인 타락 과정을 무시무시하게 묘사하고 있다. 맨 먼저 "불의로 진리를 막는다"는 표현으로 불신이 낳는 부정직함에 대해 말한다. 이어서 이로 말미암아 사람들이 "썩어지지 아니하는 하나님의 영광을 썩어질 사람과 새와 짐승과 기어 다니는 동물 모양의 우상으로"(롬 1:22-23) 바꾸었다고 지적한다. 바울은 여기서 1세기 그리스도인들이 사방에서 목격했고 또 우리도 인도에서 흔히 볼 수 있는 우상숭배에 관해 말하고 있는 중이다. 하지만 이 밖에도 여러 종류의 우상숭배가 있는데, 이에 관해서는 잠시 후에 다룰 것이다. 그런데 바울은 왜 우상숭배를 불신의 결과라고 이야기하는 것일까? 우리는 사람의 죄의 중심에 거짓말이 있다는 것을 이미 살펴보았다. 사람은 세계의 중심이 아니고, 그 자신도 그 사실을 알고 있다. 사람은 하나님이 하나님을 위해 만든 존재이므로 그의 마음은 자기가 신뢰하고 섬길 수 있는, 자기 밖에 있는 어떤 것을 여전히 갈망하고 있다. 그러나 살아 계신 하나님께 등을 돌렸기 때문에 그것을 피조물이나 자기 손으로 만든 작품 가운데서 찾는다. 그는 확실한 것을 붙잡기 위해 눈으로 보거나 손으로 만지거나 머리로 이해할 수 있는 어떤 것을 갖고 싶어 한다. 우리가 앞서 설명한 불안이 그로 하여금 세상의 모든 이해하기 힘든 악들과 죽음 자체에 대한 안전 보장을 추구하도록 몰고 간다. 우리가 '종교'라고 부르는 것의 대다수는 이런 안전 보장을 찾는 시도다. 현대 유럽에 등장한 가장 무서운 형태의 우상숭배는 국가주의다. 하나님에 대한 믿음을 잃어버린 수백만 명이 불안한 나머지 그들의 국가로부터 인생의 위험에 대한 안전 보장을 찾으려고 한다. 개인으로서의 자기가 연약하고 잘 넘어지고 유한한 인생임을 아는 사람들이, 강하고 영구적인 듯 보이는 그들 국가에서 힘 있고 안전하다는 느낌을 찾으려고 애쓰는 것이다. 때로는 히틀러 시대의 독일에서 볼 수 있듯이 의식적으로 국가를 신격화하는 일도 있었다. 하지만 이런 우상숭배는 마음속에 감춰진 채 공공연하게 고백되지 않는 경우가 훨씬 많다.

불신이 낳는 죄: 정욕과 욕정

로마서 1장에서 사도 바울은 또한 사람들이 "하나님의 진리를 거짓 것으로 바꾸어 피조물을 조물주보다 더 경배하고 섬겼기"때문에 하나님이 그들을 정욕과 욕정과 더러움에 그대로 내버려 두었다고 말한다(24-27절). 우리가 창조주의 자리에 피조물을 올려놓을 때 이런 일이 벌어진다. 사람은 무한한 하나님을 위해 창조되었다. 그러므로 사람의 욕망은 무한해서, 유한한 어떤 것도 그 욕망을 채워줄 수 없는 것이다. 사람이 하나님께 등을 돌린 채 피조물로 자기를 만족시키려고 노력해도 피조물은 그를 만족시킬 수 없다. 사람의 욕망은 끝이 없기 때문에 같은 것을 점점 더 많이 소유하려고 한다. 만일 어떤 사람이 그의 욕망에 대한 만족감을 하나님 안에서 찾게 된다면, 그는 하나님의 손으로부터 그분이 창조한 모든 자연적인 것들—양식, 음료, 성적인 즐거움, 소유물 등—을 받게 될 것이다. 그는 감사하는 자세로 그런 것을 하나님의 법에 따라 사용할 것이고 하나님께 감사를 드릴 것이다. 반면 하나님 안에서 만족함을 찾지 못한다면 피조물 안에서 그것을 찾게 될 것이고, 그 결과 폭식가나 술고래나 호색가나 구두쇠가 될 것이다. 이것이 사람과 동물 간의 가장 큰 차이점 가운데 하나다.

동물은 하나님의 형상으로 창조되지 않았기 때문에 그 욕망이 유한하다. 동물은 충분한 음식과 공간과 번식의 기회만 있으면 만족할 것이다. 그러나 사람은 하나님의 형상으로 창조되었기 때문에 그의 욕망은 무한하고, 만일 하나님 안에서 만족감을 찾지 못하면 피조물로는 결코 만족할 수 없고 갈수록 더

41

많은 것을 원하게 된다. 그렇기 때문에 사도 바울은 탐욕을 우상숭배라고 말하는 것이다(골 3:5). 우리가 탐욕을 부릴 때는 오직 하나님만이 채울 수 있는 자리에 모종의 피조물을 두고 있는 것이다. 우리는 "내가 저 물건, 저 돈, 저 사회적 지위, 저 일, 저 집만 가질 수 있다면 행복할 텐데" 하고 말한다. 그러나 사실은 그렇지 않다. 오직 하나님만이 우리를 행복하게 만들 수 있다. 우리가 이 사실을 모르면 정욕의 희생자가 되고 욕정의 덫에 빠지게 된다. 성 아우구스티누스는 진심으로 이런 기도를 드렸다. "주님, 당신은 당신을 위해 우리를 만드셨고 우리 마음은 당신 안에서 안식을 찾을 때까지 평안이 없나이다." 욕정은 무한한 욕망을 유한한 재화로 만족시키려는 시도다. 이는 절망과 죽음으로 끝난다. 이제 우리는 정욕과 욕정은 죄의 뿌리가 아니라 열매인 것을 알 수 있다.

불신이 낳는 죄: 시기, 분쟁, 살인

사도 바울은 이 무서운 장章을 죄의 최종 열매가 무엇인지 보여주며 끝내고 있다. "사람들은 온갖 불의와 악행과 탐욕으로 가득 차 있으며, 시기와 살의와 분쟁과 사기와 적의로 가득 차 있으며, 수군거리는 자요, 중상하는 자요, 하나님을 미워하는 자요, 불손한 자요, 오만한 자요, 자랑하는 자요, 악을 꾸미는 모략꾼이요, 부모를 거역하는 자요, 우매한 자요, 신의가 없는 자요, 무정한 자요, 무자비한 자"(롬 1:29-31, 새번역)가 된다. 이것은 무시무시하지만 진실한 그림이다. 죄의 최종 결과는 인간의 형제애가 파괴되고 사람들을 서로 묶어 주는 자연적인 끈이 끊어져서 사람이 비인간적이 되는 것이다. 우리는 이런 일이 세상에서 일어나는 것을 보았다. 물론 이것이 진리의 전부는 아니다. 하나님은 죄가 인류를 완전히 파괴하지는 못하도록 언제나 세상에서 일하고 계신다. 국가 제도를 통해 지나친 악행을 억제하시고, 가족 제도를 통해 남자들과 여자들과 아이들을 단일한 공동체로 이끄는, 아주 강한 자연적인 유대를 제공하신다. 경제생활에 필요한 조건들을 통해서는 사람들에게 다 함께 협력할 수 있도록 동기를 부여하신다. 이 밖에도 여러 방법으로 그분은 죄의 파괴력을 억제하고 계신다. 그러나 이 무서운 권세는 국가와 국가가 서로 싸우게 하고, 국가와 민족과 가족의 연합을 깨뜨리고, 사람들로 서로를 적대시하게 하며, 온갖 어리석은 방법으로 서로를 파괴하게 하는 등 언제나 세상속에서 활동하고 있다. 이 모든 것은 죄의 열매, 곧 죄의 외적인 증상이다. 그러면 어떻게 이 무서운 권세를 이길 수 있을까? 우리가 그 방법을 알려면 문제의 뿌리가 이런 것에 있지 않고 불신, 곧 사람으로 창조주 하나님께 등을 돌리게 한 그 불신에 있다는 것을 이해해야 한다. 사도 바울이 쓴 로마서 1장은 이 뿌리에서부터 먼저는 불안이 나오고, 이어서 사기와 거짓 예배와 정욕과 욕정이, 그리고 마지막으로 시기와 분쟁과 살인이 나온다는 것을 보여주고 있다. 이는 불신의 씨앗으로부터 나오는 끔찍한 열매임이 틀림없다.

3. 죄가 초래한 상황

죄의 결과: 실재하며 참으로 끔찍한 것

죄가 초래한 상황을 이해하기 위해서 먼저 성경에 나오는 두 단락을 살펴보는 것이 도움이 될 것이다. 창세기의 첫 대목에 따르면 하나님께서는 단지 그분의 말씀으로만 만물을 창조하셨다.

하나님이 "빛이 생겨라"고 하시니 빛이 생겼다. 여기에는 그분이 극복해야 할 장애물이 하나도 없다. 목수는 나무의 모양을 다듬으려고 고생해야 하고, 작가는 딱 맞는 어휘를 찾으려고 고심해야 하고, 정치인은 자기 계획을 실행에 옮기려고 씨름해야 하지만, 하나님은 어려운 재료를 붙들고 씨름할 필요가 없다. 하나님의 말씀은 하늘과 땅과 그 속에 있는 모든 것을 창조하고, 별들을 다스리고, 광란의 바다를 제어할 만한 능력이 있다(시 93편, 104편 등). 이제 이와 다른 그림을 보도록 하자. 하나님의 말씀이 육신이 되신 분, 곧 하나님의 아들이 겟세마네 동산에서 무릎을 꿇고 있다. 그분은 몸부림을 치며 기도한다. 그분의 땀은 핏방울이 되어 떨어진다. 그리고 고뇌에 가득 차서 "내 뜻대로 하지 마시고 아버지의 뜻대로 하옵소서"라고 외친다. 이것이 바로 하나님이 사람의 죄를 다룰 때 치르는 값이다. 그분이 천지를 창조할 때는 힘든 일도 없었고 고통도 없었다. 반면에 세상의 죄를 제거할 때는 그분의 생명, 곧 피를 대가로 지불해야 했다.

죄는 조명으로 깨끗이 제거할 수 있는 환영幻影이 아니다. 그것은 간단히 삭제할 수 있는 책 속의 표제어와 비슷하지 않으며 쉽게 면제할 수 있는 빚과 같은 것도 아니다. 죄는 사람에게뿐 아니라 하나님에게도 실재하는 끔찍한 상황을 연출한다. 이런 면에서 힌두교의 카르마Karma(업보) 교리는 중요하게 고찰할 만하다. 이 교리는 각 사람이 자신의 카르마를 반드시 짊어져야 한다고 가르치기 때문에 완전히 옳다고는 할 수 없다. 사실은 하나님께서 우리를 다함께 묶어 놓았기 때문에 우리가 서로의 카르마를 짊어질 수 있고 또 짊어져야 한다. 아들은 아버지의 죄의 무게를 짊어지고 어머니는 아들의 죄의 무게를 짊어진다. 하나님이 우리를 그렇게 만들었기 때문에 인자人子(예수)가 인류의 카르마를 짊어지는 일이 가능했던 것이다. 그러나 카르마 교리가 사람의 죄는 결코 회피하거나 무시할 수 없는 결과를 낳고, 그것은 반드시 속죄되고 극복되어야 한다고 가르치는 점은 옳다. "사람이 무엇으로 심든지 그대로 거두리라"

(갈 6:7). 하나님은 조롱을 받으실 분이 아니고, 우리는 그분을 가지고 장난칠 수가 없다. 인생은 아이들이 즐기는 '상상놀이' 게임이 아니다. 현실적인 문제들이 걸려 있고 실질적인 결정이 내려진다. 모든 길이 똑같은 종착지로 귀결된다고 생각하는 것은 치명적인 환상이다. 이와 반대로, 생명으로 인도하는 길이 있고 죽음으로 이끄는 길이 존재한다. 죄의 값은 사망이다. 이는 모든 사람이 예외 없이 조만간에 배워야 할 진리다.

우리는 이미 죄의 결과를 어느 정도 살펴보았다. 죄가 사람과 하나님 사이의 소외, 사람과 그 자신 사이의 소외, 사람과 자연세계 사이의 소외, 사람과 그의 이웃 사이의 소외를 낳는다는 것을 고찰했다. 그 가운데 우선적이고 근본적인 소외는 사람과 하나님 사이의 소외, 곧 사람을 그 존재의 근원이자 중심인 분으로부터 단절시키는 것이다. 이에 따른 결과는 사람이 스스로 분열되는 바람에 통일체가 아닌 분열된 존재가 되는 것이다. 몸과 영, 양심과 자연스러운 욕망이 서로 대립하는 상태다. 이와 동시에 그는 주변의 자연세계로부터도 소외된다. 그는 더 이상 자연세계와 하나가 아니고 적대적인 관계에 있다는 것을 발견한다. 그리고 혈육의 형제 역시 자기가 시기하거나 두려워하는 적이 되고 만다. 우리는 또한 죄의 결과가 사람으로 진리에 대해 눈이 멀게 하는 것임을 살펴보았다. 죄는 거짓말에 기초해 있기 때문에 거짓을 낳는다. 죄가 사람의 양심

죄가 초래한 상황

을 타락시키고 진리를 보지 못하게 하면, 그는 스스로 선한 일이라고 확신하면서 악한 일을 저지르고, 마침내 하나님의 아들을 살해하는 자가 되고 만다. 이 모든 일은 우리가 다루지 않으면 안 되는 현실적인 문제들이다. 하나님도 사람도 그런 것들이 존재하지 않는 듯이 행동할 수 없다.

죄책감과 책임

죄가 초래하는 상황과 관련하여 두 번째로 알아야 할 사항이 있다. 이 문제의 핵심은 사람의 죄책감과 책임이기 때문에 이는 본인이 아니면 하나님도 제거할 수 없다는 점이다. 우리는 흔히 죄를 불결함이라고 말하곤 하는데, 이것이 자연스러운 은유이긴 하다. 그러나 죄와 불결함 사이에 큰 차이가 있다는 사실을 기억해야 한다. 예를 들어, 어느 아이의 얼굴이 더러우면 아이가 잠잘 동안에라도 그 어머니가 깨끗이 닦을 수 있다. 그러나 죄라는 것은 영혼에서 그처럼 닦아낼 수 있는 것이 아니다. 하나님이라도 그렇게 할 수 없다. 시편 기자가 하나님께 "내 죄악을 말끔히 씻어 주시고, 내 죄를 깨끗이 없애 주십시오"라고 간구할 수 있는 것은 동시에 "나의 반역을 내가 잘 알고 있으며, 내가 지은 죄가 언제나 나를 고발합니다"(시 51:2-3, 새번역)라고 말할 수 있기 때문이다. 죄라는 것은 죄인이 그것을 인정하고 고백하고 거부할 때까지는 결코 제거될 수 없는 법이다. 맨 먼저 그는 죄를 인정해야 한다(3절). 이어서 그것을 하나님께 고백해야 한다. "주님께만, 오직 주님께만, 나는 죄를 지었습니다. 주님의 눈 앞에서, 내가 악한 짓을 저질렀습니다"(4절). 그리고 마지막으로, 그 죄악을 버리고 단절하며 철저히 거부해야 한다.

이 점은 특별히 강조할 필요가 있다. 우리가 창세기에서 살펴보았듯이, 죄가 낳는 최초의 결과 중 하나는 죄인이 스스로의 책임을 부인하려고 애쓰는 모습이다. 모든 죄인은 하나같이 자신의 죄에 변명을 더하고 싶은 유혹을 받는다. 아담은 하와의 탓으로 돌리고 하와는 뱀의 탓으로 돌린다. 사람은 죄를 지을 때마다 자신의 곤경이나 나쁜 환경이나 카르마와 같은 모종의 변명거리를 찾는다. 물론 그런 변명거리에 일리가 있는 경우도 있다. 죄를 짓고 싶도록 유혹을 불러일으키는 환경이 존재한다. 이에 관해서는 다음 대목에서 논의할 생각이다. 그럼에도 불구하고, 그런 변명은 잘못된 것이다. 하와가 아담을 유혹한 것은 사실이지만 그는 충분히 거절할 수도 있었다.

우리가 곤경에 빠져 있을 때, 거짓말이나 도둑질 같은 이런저런 죄를 이용하여 그 상황을 모면하고픈 강한 유혹을 느낄 수는 있다. 그러나 유혹은 강요와 같지 않다. 우리에게는 '아니오'라고 말할 수 있는 힘이 있다. 그러므로 우리가 '예'라고 말하면 우리에게 책임이 있는 것이다. 이 책임이야말로 하나님이

죄가 초래한 상황

창조하신 인간 본성의 핵심 요소다. 하나님이 창조하신 다수의 피조물은 그저 본성의 강요에 따라 행동할 뿐이다. 그들은 굶주림, 두려움, 군거群居본능 등이 이끄는 대로 행동할 따름이다. 그래서 이들은 책임을 질 필요가 없다. 반면 사람이 책임 있는 인격의 고유한 특성, 곧 자유를 지닌 하나님의 형상으로 창조된 것은 자유로이 또 자발적으로 하나님을 사랑하고 섬기게 하기 위해서였다. 이 책임이 바로 인간 본성의 핵심 요소다. 사람은 이런 자유가 있기 때문에 죄를 범할 수 있는 것이다. 동물은 죄를 짓는 게 불가능하다. 죄라는 것은 인간에게 특별히 주어진 자유의 선물을 오용하는 것이기 때문이다. 내가 죄를 짓고 싶은 어떤 유혹을 받았든지, 얼마나 많은 사람들이 똑같은 죄를 범한 잘못이 있든지 간에, 내가 지은 죄에 대한 책임은 오직 나에게 있는 것이다. 그리고 내가 죄를 인정하고 책임을 받아들여 그것을 고백할 때에만 내 죄는 제거될 수 있다. 하나님이라도 내 의지와 별개로 나를 대신해 그렇게 할 수 없다.

그리고 설령 내가 회개하더라도 그것만으로는 내 죄를 제거하기에 충분하지 않다. 내 죄는 이미 일련의 결과들을 낳기 시작했고, 이는 내가 회개한다고 멈출 수 있는 게 아니다. 유다는 예수를 배신한 것을 통렬히 후회했지만 그것이 십자가의 죽음을 멈추게 하진 못했다. 만일 내가 나쁜 말을 했거나 비방하는 소리를 퍼뜨렸다면, 비록 내가 진심으로 그것을 회개했더라도, 그 소리는 계속 입에서 입으로 퍼져 나가서 오랫동안 사람들의 마음에 해독을 끼칠 것이다. 내가 나의 죄에 대해 생각할 때, 오로지 나 자신의 회개와 용서만 생각하는 것으로는 충분하지 않다. 나는 내 죄가 다른 사람들의 삶에 미친 무한한 결과, 심지어는 내가 알지도 못했던 많은 이들에게 끼친 상처에 대해 생각하지 않으면 안 된다. 그리고 무엇보다도, 내 죄가 하나님께 어떤 영향을 미치는지를 생각해야 한다. "주님께만, 오직 주님께만, 나는 죄를 지었습니다." 나의 죄는 하나님의 자애로운 마음에 고의적으로 상처를 입힌다. 내가 아무리 회개를 하더라도 그 사실은 지울 수 없다. 이 모든 끔찍한 결과들을 어떻게든 다루지 않는 한 죄는 제거될 수 없는 법이다.

공동의 죄책, 원죄, 유혹

이제까지 우리는 죄에 대해 개인적인 관점에서, 개개인이 짓는 죄에 관해 살펴보았다. 하지만 우리 인간의 삶은 가족과 민족, 국가와 사회 같이 집단을 이루며 영위된다. 우리는 홀로 살지 않으며 홀로 죄를 짓지 않는다. 국가와 사회로서 우리는 중대한 죄를 많이 범한 공동의 책임을 안고 있다. 이런 죄들은 우리가 보통 잘 의식하지 않는 것들이다. 만일 내가 주변의 여론에 반하는 죄—예컨대, 어느 집에 침입하여 보석을 훔치는

죄가 초래한 상황

것—를 짓는다면 여론이 나를 비난할 터이고, 나의 양심도 아마 나를 아주 심하게 비난할 것이다. 만일 내가 아주 흔한 방식으로 똑같이 도둑질이라는 죄—내가 실제로 쓴 비용보다 더 많이 출장수당을 신청하는 것—를 범한다면, 나의 양심이 나를 아주 심하게 비난하지는 않을 것이다. 그러나 나는 똑같은 죄책을 안고 있다. 그리고 너무나 흔해서 우리가 거의 죄라고 생각하지 않는 죄들도 있다. 이를테면 비위생적인 습관으로 전염병을 퍼뜨리는 것 같은 죄다. 이런 죄들 역시 질병과 죽음과 슬픔을 수확하기 때문에 나에게 책임이 있는 것이다. 그런데 많은 경우에 우리는 어느 한 사람에게 모든 책임을 떠넘길 수 없다. 온 사회가 공동의 책임을 져야 하기 때문이다. 그래서 우리는 '공동의 죄책corporate guilt'이라는 개념을 사용할 필요가 있다. 가장 무서운 형태의 죄악들 중에 이 범주에 속하는 것이 많다. 그러니까 한 개인이 범하고 모든 선한 사람들이 비난하는 죄악이 아니라, 모든 사람이 연루되어 있지만 극소수만이 죄책감과 책임감을 느끼는 그런 죄악들 말이다. 그리스도 이후 17-18세기 동안 기독교 국가들에서 노예제가 계속 유지되어 왔지만 아무도 그것을 잘못이라고 생각하지 않았다. 그러나 이 관습은 잘못된 것이었고, 그 제도는 죄가 항상 초래하는 슬픔과 고통과 죽음을 수확했다. 이는 사회가 공동으로 책임져야 할 죄악이었다. 18세기와 19세기에 이르러서야 사람들은 그것이 잘못인 것을 보기 시작했고, 다른 이들에게 죄책감을 불러일으켜서 마침내 그 죄악된 관습이 중단될 수 있었다.

우리는 이 공동의 죄책이라는 개념을 인류 전체에 적용할 필요가 있다. 마치 가족과 국가와 사회가 여러 죄악에 대해 공동의 죄책을 안고 있듯이, 인류 전체도 하나님에 대해 공동의 죄책을 갖고 있다. 사도 바울은 특히 로마서 5장 12-21절에서 이 주제를 다루고 있다. 이 대목은 그가 창세기 3장에 나오는 타락 이야기를 나름대로 해석하는 방식이다. 온 인류는 죄와 죽음의 권세, 죄책과 하나님의 진노 아래에 있다. 사람들이 그 어떤 죄든 전혀 의식하지 않을 때라도, 그들이 자기에게 죄책이 있다고 생각하지 않을 때라도, 여전히 그들은 죄를 범한 인류의 일부다. 바울은 로마서 5장 13-14절에서(그리고 7장에서 더 자세하게) 사람들에게 그들의 죄를 알게 하는 것은 율법의 역할임을 보여준다. 그렇지만 율법이 주어지기 이전, 곧 사람들이 미처 자신의 죄를 알지 못했을 때라도 그들은 여전히 죄가 있었고 죽음의 지배 아래에 있었다. 최초의 죄를 필두로 줄줄이 다른 죄들이 이어졌고 이는 곧바로 인류 전체를 관통했다. 우리 각 사람은 물론 각자의 죄에 대해 책임이 있지만, 우리가 실제로 행동을 취하기도 전에 우리 모두가 공유하는 공동의 죄라는 것도 있다. 심지어는 갓난아기조차 선이나 악을 똑같이 행할 수 있는 자유로 시작하지 않는다. 양쪽의 균형이 잘 맞는

죄가 초래한 상황

상태로 시작하는 게 아니라 한쪽으로 기울어진 상태로 인생을 출발한다. 말하자면, 선을 행하기보다 악을 행하기가 더 쉽고, 남의 유익을 구하기보다 자신의 유익을 구하기가 더 쉬운 상태라는 뜻이다. 그 본성 자체도 악한 쪽으로 편향되어 있다. 그리고 아기가 자라는 환경도 인간의 죄로 물들어 있기 때문에 악으로 기울어질 수 있는 동기를 많이 부여해 준다. 그러므로 모든 인간은 하나같이 이미 죄로 얼룩진 본성을 물려받고, 각 사람은 또한 개인적으로 책임을 져야 할 죄를 범하게 된다. 신학자들은 이 두 종류의 죄를 가리켜 각각 '원죄original sin'와 '자범죄actual sin'라고 부른다. 우리가 거듭 살펴본 것처럼, 죄란 사람의 본성 자체가 타락한 상태이고, 이는 그의 죄악된 행위보다 더 깊고 더 심각한 문제다. 그러므로 구원은 사람에게 새로운 본성을 부여하여 그가 선을 행할 뿐 아니라 선한 상태가 되도록 하는 것이어야 한다. 그리스도께서 자기를 믿는 사람들에게 부여하는 것이 바로 이 새로운 본성이다. 그분은 그것을 다시 태어나는 것, 살기 위해 죽는 것, 하나님의 자녀가 되는 것 등의 여러 가지 방식으로 표현한다. 사실 새로운 인간 본성을 부여하는 일만이 죄의 문제를 해결할 수 있을 것이다. 예수는 우리에게 그분의 새로운 인간 본성을 부여하고, 우리를 그분의 몸의 지체로 또 참 포도나무인 그분의 가지로 만듦으로써 우리를 죄로부터 구원하신다. 그래서 사도 바울은 그분을 '마지막 아담'으로, 곧 죄의 율법에서 해방되어 은혜의 법 아래에 살게 된 새로운 인류의 필두로 묘사하는 것이다(롬 5:12-21, 고전 15:42-45).

우리 모두가 물려받는 이 타락한 인간 본성 때문에 유혹이 그토록 큰 힘을 발휘하는 것이다. 개개인이 자범죄를 짓기 전에는 언제나 죄를 짓고 싶은 유혹이 있기 마련이다. 악한 행위가 발생하기 전에 악의 유인誘因이 있다는 말이다. 그러면 이런 유인은 어디서 오는가? 보통은 그런 유인의 근원을 추적할 수 있다. 다른 사람의 악한 조언, 타인의 나쁜 본보기, 우리가 읽은 책의 제안, 혹은 우리가 본 그림 같은 것들이다. 한 사람이 자기 마음에 대화나 독서나 그림으로 말미암은 악한 생각이 가득 차도록 허용할 경우, 그가 어려움에 처하면 분명히 그 생각들이 그에게 유혹으로 다가올 것이다. 그가 예전에 지은 죄들은 유혹의 강도를 더 높일 것이다. 그러나 이렇게 응답하는 것만으로는 충분하지 않다. 만일 내가 받는 유혹이 나 자신이나 타인이 범한 예전의 죄에서, 내가 물려받은 원죄에서 온다면, 최초의 유혹은 어디에서 왔던 것일까? 성경 이야기에 따르면 하와를 유혹한 것은 바로 뱀이었고, 성경이 직접적으로 말하진 않지만 뱀을 사탄과 동일시하는 것이 보통이다. 어쨌든 성경은 사람 바깥에 악한 권세, 곧 죄를 짓도록 사람을 유혹하는 사탄의 권세가 있다고 확실히 가르친다. 우리가 한 걸음 더 나아가

죄가 초래한 상황

서 "그러면 사탄은 맨 처음 어떻게 죄를 지었는가?"라고 물으면, 이에 대한 명확한 답은 없다. 하나님이 만물을 선하게 창조했다고 하므로 사탄도 처음에는 선한 존재였음이 틀림없다. 예부터 내려오는 교회의 믿음에 따르면 사탄은 교만해져서 타락한 천사라고 한다. 하지만 우리가 이렇게 말한다고 해서 악의 기원을 '설명한' 것은 아니다. 우리가 이 어두운 미스터리의 진상을 규명할 때는 솔직히 "우리는 모른다"고 말하지 않을 수 없다. 우리의 인생과 관련해 "우리는 모른다"고 말하지 않을 수 없는 것들이 많이 있는데, 이것도 그중의 하나다. 죄는 어둡고 무서운 미스터리다. 어느 정도는 이해할 수있지만 그 밑바닥에는 도무지 간파할 수 없는 불가사의가 있다. 예수의 제자들이 "이 사람이 맹인으로 난 것이 누구의 죄로 인함이니까? 자기니이까? 그의 부모니이까?"라고 묻자 예수는 그 질문에 대답하지 않고, 다만 하나님께서 하시는 일을 그에게서 드러나게 하시려는 것이라고 말한 뒤에 즉시 그를 고쳐 주셨다(요 9:1-7). 하나님은 우리에게 악의 기원에 관한 모든 것을 보여주시지는 않았지만 악을 이기는 그분의 구원 사역을 보여주셨다. 이제 이 주제에 주목할 때가 되었다.

인간의 무능력: 스스로 죄에서 구원할 수 없다

죄란 인간 본성의 중심이 타락한 상태를 말하며, 이 타락이 온 인류를 관통해서 퍼져 갔다는 것을 살펴보았다. 인류의 어떤 부분도 죄로부터 자유로워서 나머지 부분을 나아지게 할 수 있는 곳은 없다. 인간 본성의 어느 부분도 죄로부터 자유로워서 그 자신을 구원할 수 있는 곳은 없다. 그 이유는 이미 설명한 내용으로부터 분명히 알 수 있을 것이다. 인간 본성의 중심은 의지이고, 하나님께 등을 돌린 것도 바로 그 의지다. 사람이 죄로부터 자유로워지고, 하나님과 화해하고, 하나님이 거룩하듯 거룩해지고 싶은 욕망이 있다 하더라도, 그 욕망은 이미 죄의 핵심인 이기심에 의해 타락한 상태다. 사람은 자기 자신을 위해 이런 것들을 바라는 것이다. 이 욕망의 결과는 그런 목표를 실현하기 위한 거대한 종교 제도들, 도덕 체계들, 인간의 온갖 이념들과 운동들을 통해 드러난다. 그런데 이 모든 것은 사람의 자만심과 이기심을 전달하는 수단이 된다. 신약성경에서 이 점을 가장 뚜렷이 볼 수 있는 대목은 종교 지도자들과 도덕 선생들, 제사장들, 서기관들, 율법 교사들, 바리새인들이 바로 예수를 죽이는 살해자가 되는 장면이다. 스스로를 구원하려는 인간의 노력이 가장 끔찍한 형태의 죄가 되는 모습이다. 자기 의self-righteousness야말로 하나님의 사랑과 상충되는 가장 무서운 죄다.

죄 많은 인간은 이런 처지에 놓여 있다. 하나님의 율법이 사람의 양심과 위대한 종교 지도자들과 예언자들의 말씀을 통해 그에게 주어졌기 때문에 그는 자신이 죄인이라는 것을 적어도 어느 정도는 알고 있다. 그러나 그는 스스로를 죄에서 구원할 수 없다. 그가 죄를 범한 대상인 하나님 말고는 어느 누구도 그를 구원해 줄 수 없다. 그러므로 모든 것은 다음 질문에 대한 답변에 달려 있다고 할 수 있다. "과연 하나님은 사람을 그의 죄에서 구원하시는가?"

하지만 우리가 던져야 할 질문은 "하나님은 어떻게 사람을 그의 죄에서 구원하실 수 있는가?"이다. 우리가 이미 살펴본 대로, 죄 문제의 핵심은 사람에게 책임이 있다는 것이고, 사람은 외부에서 오는 전능한 권세의 행위로 그의 죄에서 해방될 수 없는 법이다. 하나님이라도, 어머니가 자녀의 얼굴에서 더러운 것을 닦아 내듯이 사람의 죄를 제거할 수 없다. 죄는 사람의 의지가 타락한 상태이므로 사람의 의지에 변화가 있을 때에만 제거될 수 있기 때문이다. 그러면 어떻게 이런 변화를 일으킬 수 있을까? 하늘과 땅을 창조하신 하나님은 거룩한 사랑의 하나님이다. 이 진리는 온 창조세계를 지탱해 주는 토대다. 하나님은 거룩한 사랑이기에 죄를 내쫓고 저지한다. 만일 하나님이 그렇게 하지 않으면 온 창조세계는 죄로 파괴되고 말 것이다. 이런 일이 벌어지지 않는 이유는 하나님의 진노가 죄와 마주쳐서 그것을 저지하기 때문이다. 그렇지 않으면 하나님은 하나님이 아닐 것이다. 앞부분에서 우리는 로마서의 첫 장을 공부하면서, 죄의 오염이 어떻게 단계적으로 인류 사회의 총체적 파멸로까지 이어지는지를 살펴보았다. 그 장을 다시 돌아보면 바울이 이것을 "하나님의 진노"로 묘사하는 것을 알 수 있다 (18, 24, 28절). 이런 현상은 기계처럼 자동적으로 일어나는 일이 아니다. 하나님은 죄를 저지하고, 죄를 벌하고, 죄가 파멸과 죽음으로 끝나도록 하는 하나님이기 때문이다. 만일 하나님이 이런 일을 그만두면 그분은 하나님이 아닐 테고 이 세계는 완전히 파괴되고 말 것이다.

사람들이 용서에 대해 말하는 것을 들어 보면, 하나님이 죄를 마치 죄가 아닌 듯이 취급하고 그것을 용납하고 그냥 넘어가기를 바라는 것처럼 이야기하곤 한다. 하지만 그렇게 되면 만물이 끝장나고 말 것이다. 세상에 정의가 있는 것은 하나님이 그것을 유지하시기 때문이다. 진리가 있는 것은 하나님이 그것을 지키시기 때문이다. 만일 하나님이 불의를 정의인 것처럼 취급하시고 거짓을 진실인 양 취급하신다면 만물은 곧 끝장날 것이다. 하나님의 진노가 사람의 모든 불의를 겨냥하여 하늘로부터 나타난다고 사도 바울은 말한다. 만일 이런 일이 없다면 이 땅에는 더 이상 정의가 존재하지 않을 것이다.

그렇지만 하나님의 진노가 구원을 가져오지는 않는다. 그 진노가 사람과 하나님 사이의 화해를 가져오지도 않고, 사람들에게 죄로부터 해방된 새로운 본성을 부여하지도 않는다. 하나님의 자비와 은혜가 구원 사역을 자극하지 않으면 구원이란 있을 수 없다. 그런데 자비와 은혜가 어떻게 진노와 함께 공존할 수 있는가? 하나님은 어떻게 죄인의 죄를 저지하고 파괴하는 동시에 그 죄인을 구할 수 있을까? 이것은 죄가 낳는 무서운 문제다. 하나님은 이 문제에 대한 해답을 주셨는가?

복음이란 하나님이 해답을 주셨다는 소식, 자비가 진노를 이기고 승리했다는 소식, 죄 많은 사람이 거룩한 하나님과 화해할 수 있는 길이 있다는 좋은 소식이다. 이제 그 승리의 이야기를 할 차례가 되었다.

4. 구원을 위한 준비

역사적 사건: 구원의 이야기

이 이야기를 시작하는 시점에서 우리가 다루려는 것이 역사상 실제로 일어났던 사건임을 분명히 하는 것이 필요하다. 죄에서의 구원은 사람이 스스로 성취할 수 없는 것이고, 하나님이 사람을 구원한 방식은 사람의 상상을 뛰어넘은 어떤 것이다. 복음은 사람의 생각이 아니라 하나님의 행위다. 모든 것을 창조한 하나님, 사람이 반역했던 그 하나님이 인류에게 구원을 가져다주는 기적을 행하셨다. 우리는 이런 사건들에 주목하고 그것들을 이해하는 법을 배우고 그것들을 믿을 때에만 구원을 받을 수 있다. 많은 사람들은 이에 대해 크게 반발한다. 그들은 특정한 사건에 의존해야 하는 것을 달가워하지 않는다. 그들은 홀로 독방에서 공부하는 학생이나 홀로 기도에 전념하는 사람이 발견할 만한 그런 종교를 바란다. 그러나 하나님은 우리를 그런 식으로 다루시지 않았다. 이미 말한 것처럼, 죄라는 것은 진리를 아는 지식으로 퇴치할 수 있는 단순한 환영이 아니다.

그것은 하나님의 기적으로만 극복할 수 있는 무서운 실재다. 그러므로 하나님이 주신 구원에 동참하려면 그분이 우리의 구원을 위해 행하신 일에 주의를 기울여야 한다. 이제 우리는 역사를 공부하게 될 것이다.

한 백성의 선택

하지만 인류의 역사 전체를 공부한다는 뜻은 아니다. 우리가 말하는 죄는 온 인류가 범한 죄이고, 우리가 말하는 구원은 온 인류가 받는 구원이지만, 하나님이 정한 구원의 길은 먼저 한 특정한 백성, 마침내는 그 백성의 한 사람을 통해 열리게 된다. 그래서 하나님이 선택한 백성인 유대인의 역사를 공부할 필요가 있다. 유대인은 아라비아 광야와 지중해 사이에 있는 좁고 긴 언덕배기에 살았던 작은 민족이었다. 그들은 오랫동안 이집트에서 노예생활을 했다. 이후 기나긴 세월 동안 여러 통치자들 아래서 서로 분열된 채 자기네끼리 싸우기도 하고 종종 막강한 적들에게 짓밟히기도 했다. 1인 통치 아래 있었던 적은 다윗과 솔로몬이 다스렸던 불과 몇십 년밖에 되지 않는다. 이후 두 왕국으로 나눠졌고 종종 주변의 민족들에게 전멸되다시피 했다. 많은 싸움을 겪은 뒤에 북왕국은 아시리아에게 완전히 파괴되었고 그 백성은 노예로 끌려갔다. 약간의 세월이 흐른 뒤에 남왕국마저 바빌로니아 제국에게 파멸되고 말았다. 이후에는 아주 짧은 기간만 제외하고는 유대인이 자유를 누린 적이 없었다. 그들은 페르시아와 그리스와 로마의 지배를 차례로 받았고, 결국에는 로마인이 쳐들어와서 그들의 도시를 파괴하고 그 민족의 생명을 끝장내고 말았다. 이같이 자그마하고 보잘것없는 백성을 통해 하나님은 기꺼이 그분의 구원을 계시하기로 하신 것이다.

많은 사람들이 이런 가르침을 달가워하지 않을 것이다. 그래서 이런 의문을 던지고 싶어 한다. "아니, 내가 왜 이 매력도 없는 미천한 민족을 공부해야 하는가? 하나님이 우리 민족을 위해 우리 땅에서 행한 일을 공부하면 안 되는 이유가 있는가? 그런 일을 통해 그분을 발견할 수는 없는가?" 이는 마치 시리아의 군사령관 나아만이 요단 강에 가서 몸을 씻으라는 말을 들었을 때 보였던 반응과 같다. "다마스쿠스에 있는 아마나 강이나 바르발 강이 이스라엘에 있는 강물보다 좋지 않다는 말이냐? 강에서 씻으려면 거기에서 씻으면 될 것 아닌가?"(왕하 5:12, 새번역) 우리 모두는 하나같이 이런 어려움을 어느 정도 안고 있다. 그러나 예수의 말씀대로 "구원이 유대인에게서 남이라"(요 4:22)는 것은 엄연한 사실이다. 여기에는 하나의 미스터리가 있다는 것을 인정할 수밖에 없다. 우리가 하나님이 구원의 방편으로 왜 다른 민족이 아닌 유대인을 선택해야 했는지 그 이유를 설명할 수 없는 것은, 마치 그분이 오늘날 인도에

구원을 위한 준비

서 왜 다른 이들이 아닌 우리를 복음의 증인으로 선택해야 했는지를 이해할 수 없는 것과 같다. 하나님의 목적은 죄로 인한 분열을 극복하는 새로운 인류, 사람들이 하나님과 서로와 그들 자신과 하나가 되는 새 인류를 창조하는 일이다. 이는 하나님이 준비한 구원이 개개인을 위한 어떤 것이 아니라 인류 전체를 위한 것임을 의미한다. 만일 그분이 각 인간을 별도로 다루기를 바랐다면, 그분으로서는 구원의 메시지를 이성이나 양심이나 영적 통찰력을 통해 각 사람에게 똑같이 별도로 주는 것이 합당할 터이다. 이런 경우에는 각 사람이 스스로 진리를 알게 될 것이므로 굳이 복음을 전파할 필요가 없을 것이다. 그러나 하나님의 뜻은 그와 다르다. 그분은 죄로 깨어진 온 인류가 거룩한 한 가족으로 함께 결합하기를 바라신다. 그러므로 그분은 한 사람, 한 인종을 선택한 뒤 그들을 통해 다른 이들도 구원을 받게 하려는 것이다. 하나님과 화해하게 된 사람은 누구나 다른 이들에게 화해를 도모하는 수단이 되어야 한다. 그리하여 하나님의 목적은 남자들과 여자들로 구성된 눈에 보이는 연합에 의해 성취되는 것이다. 이는 그분이 처음 선택한 사람들과 함께 시작하여 다른 이들에게로 퍼져 나가게 되어 있다.

이 문제를 다음과 같이 아주 간단하게 표현할 수 있다. "하나님의 본성은 사랑이며, 구원이란 하나님을 사랑하고 그분의 자녀들을 사랑하는 삶으로 회복되는 것을 뜻한다." 그런데 사랑은 구체적인 인간관계 속에서만 존재한다. 그저 일반적인 사랑은 아무것도 아니다. 참된 사랑은 실제 사람들, 곧 내 형제, 내 직장 동료, 내 이웃을 돌보는 것을 의미한다. 우리는 우리가 선택한 자들만이 아니라 하나님이 우리에게 주신 자들, 곧 실제 사람들을 대할 때 사랑을 주고받아야 한다. 그러므로 하나님의 구원 계획의 중심은 이런 목적으로 하나님이 부른 이들로 구성된 실제 공동체다. 그들이 부름을 받은 것은 남들보다 낫기 때문도 아니고 하나님이 그들만을 구원하기 원해서도 아니다. 그들이 부름받은 것은, 그들을 통해 하나님의 사랑이 다른 이들에게 전달되어 모든 사람이 하나의 화목한 연합을 이루게 하기 위함이다.

그리스도를 위한 준비

구원 이야기는 하나님이 한 사람을 불러 집과 친척을 떠나 오직 하나님만 믿고 나아가라고 말씀하시는 장면으로 시작한다. "여호와께서 아브람에게 이르시되, 너는 너의 고향과 친척과 아버지의 집을 떠나 내가 네게 보여줄 땅으로 가라. 내가 너로 큰 민족을 이루고 네게 복을 주어 네 이름을 창대하게 하리니……땅의 모든 족속이 너로 말미암아 복을 얻을 것이라"(창 12:1-3). 이 부름을 받은 아브라함은 하나님을 믿고 순종했다(히 11:8). 하나님은 한 사람을 부르되 그 사람만을 위해서가 아니라 모든 민족을 위해서 그렇게 하셨고, 그는 믿고 순종하여 "어디로 가는지를 알지 못했지만 떠난" 것이다.

여기에는 그 뒤에 따라오는 기나긴 이야기를 다시 들려줄 지면이 없다. 아브라함의 자손이 어떻게 그들이 부름받은 목적을 거듭해서 잊어버렸는지, 어떻게 거듭해서 하나님을 부인하고 노예상태와 멸망에 빠졌는지, 어떻게 하나님이 거듭해서 그들을 다시 부르고 그들에게 미완의 약속을 상기시켰는지 등을 말이다. 이 이야기의 절정은 하나님이 자기 아들을 보내어 그 선택된 민족에게서 태어나게 하고, 그 민족이 (기름부음을 받은 대제사장을 통하여) 그 아들을 정죄하여 십자가에서 죽이는 사건이다. 우리는 어떻게 그 사건이 마침내 구원을 성취하는 수단이 되었는지를 살펴볼 것이다. 하지만 먼저 유대 민족의 기나긴 역사가 이 절정을 위해 준비되어 온 경위를 살펴보아야 한다. 이를 위해 그 이야기에서 세 가지 갈래를 취하여, 그것들이 어떻게 예수와 그의 십자가로 귀결되는지를 살펴볼 것이다. 구약성경 이야기는 예언자와 제사장과 왕의 이야기다. 우리가 구약성경 이야기에 나오는 이 위대한 세 유형의 지도자를 파악하면, 그 이야기가 바로 예수 그리스도를 통한 구원의 준비 단계임을 알게 될 것이다.

1. 예언자

구약성경 이야기에 나오는 가장 위대한 인물은 모세다. 그는 하나님이 그의 백성에게 그분의 율법을 알려줄 때 중개자 역할을 한 예언자였다. 이후 모세와 같은 사역을 수행하는 후계자들이 굉장히 많이 배출되었다. 이를테면 사무엘, 엘리야, 아모스, 호세아, 이사야, 예레미야와 같은 인물들이다. 하나님이 때때로 이런 인물들을 세우신 목적은 그 백성에게 하나님의 뜻을 상기시키고, 그분이 세상에서 하는 일의 의미를 보여주며, 죄인들에 대한 심판을 경고하고, 하나님의 백성은 그분의 길로 걸어야 한다는 것을 하나님의 이름으로 요구하기 위해서였다. 이 예언자들의 모든 메시지는 미가의 위대한 말에 잘 요약되어 있다. "내가 무엇을 가지고 여호와 앞에 나아가며 높으신 하나님께 경배할까. 내가 번제물로 일 년 된 송아지를 가지고 그 앞에 나아갈까. 여호와께서 천천의 숫양이나 만만의 강물 같은 기름을 기뻐하실까. 내 허물을 위하여 내 맏아들을, 내 영혼의 죄로 말미암아 내 몸의 열매를 드릴까. 사람아 주께서 선한 것이 무엇임을 네게 보이셨나니, 여호와께서 네게 구하시는 것은 오직 정의를 행하며 인자를 사랑하며 겸손하게 네 하나님과 함께 행하는 것이 아니냐"(6:6-8). 이런 요구야말로 진정 사람을 향한 하나님의 뜻이고 그 어떤 종교도 그것을 대신할 수 없다. 그런데 과연 어느 누가 이 요구사항을 다 성취했다고 감히 말할 수 있겠는가? 레위기는 이웃에 대한 의무를 "너는 너의 이웃을 네 몸처럼 사랑하여라"(19:18, 새번역)는 말로 요약했다. 그런데 어떤 사람이 "나는 모든 사람을 나 자신을 사랑하듯 사랑한다"고 진심으로 말할 수 있겠는가? 만일 내가 그렇게 말할 수 없다면, 내가 하나님의 법을 지킬 수 없다면, 나는 어떤 입장에 놓이게 되는가? 나는 이미 저주를 받은 것이 아닌가? 어떻게 하면 이런 입장에서 벗어날 수 있을까? 우리가 하나님의 뜻을 심각하게 여기면 여길수록 이 질문은 우리를 더 강하게 압박하게 된다. 유대인 중의 엘리트들은 하나님의 뜻을 아주 심각하게 받아들여서 그것을 완전히 성취하기를 원했다. 그래서 삶의 모든 영역에 관한 많은 규율을 만들어 놓고 그것들을 온전히 지켜야 한다고 주장했다. 그들은 만일 하나님의 모든 율법을 단 하루라도 온전히 지킬 수만 있다면 하나님의 나라가 올 것이라고 믿었다. 그러나 결과적으로 그들은 하나님의 법 가운데 사람이 온전히 지킬 수 있는 부분에만 더욱 관심을 집중해야 했다. 달리 말하면, 율법의 부정적인 금지조항들, 의례 규정들, 십일조와 제사 등에 관한 규정들에 초점을 두었다는 뜻이다. 이런 것들은 온전히 지킬 수 있었기에 어떤 사람은 하루가 끝날 때 이런 기도를 드릴 수 있었던 것이다. "하나님, 감사합니다. 나는 토색하는 자나 불의한 자나 간음하는 자 같은 다른 사람들과 같지 않습니다. 나는 이레에 두 번씩 금식하고 내 모든 소득의 십일조를 바치는 등 율법을 다 지켰습니다." 이것이 바로 예수 시대에 엄격한 유대인이었던 바리새인들이 정한 목표였다.

이런 신앙에 대한 우리 주님의 비판은 우리가 잘 알고 있다. 그분은 그들이 율법의 사소한 조항들은 모두 지키는 반면 중요한 것들은 모두 잊어버리고 있다고 지적했다. "너희가 박하와 회향과 근채의 십일조는 드리되 율법의 더 중한 바 정의와 긍휼과 믿음은 버렸도다"(마 23:23). 그들은 율법의 덜 중요한 부분을 지켜서 나름대로 독선을 즐기기 위해, 지킬 수 없는 율법의 중요한 요구들은 아예 제쳐놓았던 것이다. 뿐만 아니라 그들은 독선적인 인물인지라 사랑이 없었다. 그런데 사랑은 율법의 요약이므로 사실상 그들은 율법을 범하고 있었던 셈이다. 그러다 예수가 오셔서 그들의 범죄를 적나라하게 노출시켰고, 예수의 빛에 그들의 모든 의義가 더러운 넝마로 드러났기 때문에, 그들은 그분을 미워해서 결국 죽이고 말았던 것이다.

하나님은 그분의 백성이 예언자들의 증언을 통해 그분의 뜻을 더 명확하게 이해하도록 해주었다. 그들은 하나님의 뜻을 알기 전에는 구원을 받을 수 없었다. 그러나 그분의 뜻에 대한 지식이 구원을 가져다주는 것은 아니었다. 이는 하나님의 법을 지키려는 열정이 가장 강했던 사람들이 그리스도가 가져온 구원을 배척했다는 사실을 보면 알 수 있다. 그러므로 참 예언자

구원을 위한 준비

들은 언제나 자기네 메시지 너머에 있는 분, 장차 하나님의 의를 가져올 분을 바라보았던 것이다. 예언자 계보의 마지막 인물은 세례 요한이었고, 그 역시 자신이 선포한 회개의 메시지 너머에 있는 분, 세상의 죄를 깨끗이 씻어 줄 하나님의 어린양을 가리켰다. 회개, 하나님의 뜻에 대한 지식, 그 뜻에 대한 순종은 모두 필요하며, 이를 도모하는 일이 예언자의 사역이었다. 그러나 이런 것이 구원을 가져올 수는 없다. 그것들은 그 너머에 있는 것을 가리킨다. 즉, 하나님의 의를 증언할 수 있을 뿐 하나님의 의를 낳지는 못한다. 하나님 자신이 사람이 되었을 때에만, 곧 율법 아래에 태어나서 율법을 끝까지 성취했을 때에만 율법은 그 임무를 다할 수 있었다(갈 4:4-5). 따라서 모세에서 세례 요한에 이르는 그 위대한 예언자와 율법수여자의 계보는 다가오는 구원을 위해 필요한 준비 단계였을 뿐 그 자체가 구원을 낳을 수는 없었다. 구원은 오직 하나님만이 가져올 수 있었다.

2. 제사장

하나님의 율법에 순종하지 않으면 구원이 있을 수 없지만, 우리 마음의 죄성이 우리로 율법을 어기게 하기 때문에 율법은 우리에게 구원을 가져다줄 수 없다. 그러나 사람은 하나님 없이는 살 수 없다. 그러면 죄 많은 사람이 어떻게 거룩한 하나님과 함께 살 수 있을까? 이것이 언제나 종교가 안고 있던 문제의 하나였고, 이 문제를 풀 수 있는 방법을 보여주는 것은 언제나 제사장의 몫이었다. (적어도 부분적으로나마) 제사장의 사역은 죄로 얼룩진 사람들이 하나님과 교제할 수 있게 해주는 수단, 곧 제사와 기도와 의례를 돌보는 일이었다. 구약성경도 예외가 아니다. 구약성경 전체에 걸쳐 사람들이 제사를 드리고 기도를 하는 모습과, 제사장들이 하나님과 죄 많은 사람들 사이에서 중보자 역할을 하는 장면이 등장한다.

구약성경의 이런 장면을 좀 더 면밀히 살펴보면, 제사제도는 하나님과 화해하려고 사람들이 고안한 것이 아니라는 사실을 알 수 있다. 하지만 동시에 제사는 사람들이 하나님께 나아가려면 반드시 충족해야 할 조건이었다. 용서가 지닌 이런 역설적인 성격은 나중에 다시 살펴보아야 할 주제다. 사람은 어떤 화해의 행위로도 스스로 하나님과 바른 관계를 맺을 수 없다. 또한 하나님 역시 어떤 전능한 행위로 사람의 죄를 씻을 수 없다. 그래서 제사제도는 이런 이중적인 성격을 갖고 있는 것이다. 그것은 하나님이 사람에게, 그분께 드리도록 제공한 것이다. 그리고 사람과 하나님 사이에 제사장이 있고, 그는 하나님이 정한 방법으로 사람들의 제물을 하나님께 가져오도록 성별된 인물이다.

구약성경에 나오는 제사장직과 제사제도의 발전 과정은 무

71

척 길어서 여기서는 다룰 수 없다. 하지만 한 가지는 짧게 언급할 수 있다. 초창기에는 곳곳에서 제사를 드렸고, 따라서 곳곳에 제사장들이 있었다. 제사를 드리는 때는 모두가 기뻐하며 교제하는 행복한 시기였다. 이런 장면은 사사기와 사무엘서에서 볼 수 있다. 그러나 나중에는 상황이 바뀌었다. 요시야 왕의 통치 이후 예루살렘을 제외한 모든 장소에서 제사가 금지되었다. 그때부터 규제가 훨씬 심해진 것이다. 하나님의 거룩함에 대한 의식이 더 깊어질수록 그분과 사람 사이의 거리감이 더 커졌고, 따라서 제사의 방식도 그만큼 더 까다로워졌다. 날이 갈수록 속죄제sin-offering와 속건제guilt-offering를 강조하게 되었다. 보통 사람은 아주 드물게 제사를 드릴 수 있었고, 성전의 중심, 곧 지성소는 평범한 예배자로부터 완전히 단절되었다. 오직 대제사장만 거기에 들어갈 수 있었고, 그것도 일 년에 단 한 번, 속죄일에만 출입할 수 있었다. 게다가 제사장이 제물을 드릴 수 있는 죄는 모르고 지은 죄에만 국한되었다. 고의적인 죄('멋대로 지은 죄')는 제물로 속죄될 수 없었다.

그리하여 본래는 죄 많은 사람들이 하나님과 교제를 나누게 하려고 고안된 제사제도가, 점점 더 사람이 하나님께 나아가는 길을 막는 울타리가 되고 말았다. 절대다수의 사람들은 거의 일평생 동안 제사제도의 혜택을 받지 못했다. 제사제도는 본래 의도된 역할을 수행할 수 없었다. 그 제도는 사람이 하나님께 나아갈 길의 필요성을 가리키는 징표와 증거가 될 수 있었을 뿐 정작 그 길을 제공할 수는 없었다. 그 길은 하나님의 아들이 친히 와서 제사장과 희생제물이 될 때에만 제공될 수 있었다. 로마서와 갈라디아서가 율법과 예언자의 사역이 어떻게 그리스도 안에서 완성되었는지를 보여주는 것 같이, 히브리서는 제사장직과 제사제도가 어떻게 그분 안에서 완성되었는지를 보여준다. 이 저자는 성전의 제사를 상세하게 설명한 뒤에 이렇게 글을 잇는다. "그 장막 제의를 따라 예물과 제사를 드리지만, 그것이 의식 집례자의 양심을 완전하게 해주지는 못합니다. 이런 것은 다만 먹는 것과 마시는 것과 여러 가지 씻는 예식과 관련된 것이고, 개혁의 때까지 육체를 위하여 부과된 규칙들입니다. 그러나 그리스도께서는 이미 일어난 좋은 일을 주관하시는 제사장으로 오셔서 손으로 만들지 않은 장막, 다시 말하면, 이 피조물에 속하지 않은 더 크고 더 완전한 장막을 통과하여 단 한 번에 지성소에 들어가셨습니다. 그는 염소나 송아지의 피로써가 아니라, 자기의 피로써, 우리에게 영원한 구원을 이루셨습니다"(9:9-12, 새번역). 오직 하나님인 동시에 사람인 그분만이 참된 제물, 사람이 하나님께 이르는 참된 길, 죄인들이 하나님께 용납되는 참된 속죄소mercy-seat를 제공할 수 있다. 그분만이 진정한 대제사장이다. 인간의 모든 제사장직은 그분을 가리킬 수 있을 뿐이며, 본래 의도된 것을 스스로 성취할 수는 없다.

3. 왕

구약성경은 또한 참된 왕권을 찾는 이야기를 들려주고 있다. 말하자면, 하나님의 통치가 지상의 공동체의 삶에서 이루어지는 참된 방식을 찾는다는 뜻이다. 처음부터 이스라엘 백성은 사실 하나님만이 진정한 왕이라는 것을 알았다. 그런데 어떻게 하면 하나님의 왕권이 한 국가에서 나타날 수 있을까? 이것은 모든 정치가 안고 있는 문제다. 처음에는 그들에게 왕이 없었고 사사기가 말하듯이 "사람들은 저마다 자기의 뜻에 맞는 대로 하였다"(21:25, 새번역). 그러나 그 결과 무질서가 생기는 바람에 사람들은 영구적인 리더십을 제공하는 왕을 갈망하게 되었다. 사무엘상은 왕정의 시작에 대한 두 가지 다른 전통을 기록하고 있다. 한 전통(8:7-9)에 따르면, 왕을 요구하는 것은 하나님께 대한 반역으로 간주되었다. 반면에 다른 몇 대목(9:15-16 등)에서는 사울을 불러 왕으로 기름붓는 일을 이스라엘을 곤경에서 구하기 위한 하나님의 자비로운 행위로 묘사했다. 구약성경에 나오는 모든 왕들의 이야기는 이런 이중적인 특성을 계속해서 보여준다. 다윗은 하나님의 마음에 쏙 드는 참된 왕으로 그려져 있다. 하지만 다윗의 통치 때에도 그랬지만, 그의 후계자들이 지배하던 시기에는 지상의 왕권에서 나오는 악행들이 생생하게 묘사되어 있다. 오랜 세월 동안 사람들은 다윗의 통치를 황금기로 회상하면서 하나님께서 다윗과 같은 왕, 곧 '다윗의 자손'을 보좌에 올릴 날을 간절히 갈망했다. 하나님 나라의 도래에 대한 그들의 염원은 다윗의 참 자손이 보좌에 올라 그의 영광스러운 통치를 온 세계에 베풀 것이라는 말로 표현되어 있다(사 11:1-12 등).

이 다윗의 참 자손이 실제로 왔을 때, 이와 같은 지상의 왕권에 대한 기대가 오히려 그분의 사역을 가로막는 장애물로 작용했다. 사람들이 그분에게 왕이 되라고 강요하자 그분은 스스로 몸을 숨겼다(요 6:15). 그분은 제자들이 그분의 왕국을 마치 지상의 왕국처럼 여기며 행동하는 것을 막아야 했다(요 18:11, 36 등). 또한 그분에게 그런 지상의 왕국을 세우도록 부추기는 사탄의 유혹을 물리쳐야 했다(마 4:8-10).

구약성경의 실마리

그러므로 구약성경의 큰 주제들은 모두 그 너머를 가리킨다고 할 수 있다. 그 주제들은 그 안에 결론을 담고 있지 않다. 그것들은 모두 일종의 자기모순으로 끝난다. 예언자들의 사역은 (그리스도를 제외하고) 바리새인들의 무익한 독선으로 끝나고 만다. 제사장들의 사역은 (그리스도를 제외하고) 더 이상 죄인들에게 화해의 희망을 제공하지 못하며, 사람들을 하나님께 이끄는 능력이 없는 예전의 의식만 되풀이하는 안나스와 가야바 같은 제사장들로 끝나고 만다. 하나님의 나라에 대한 추구는 (그리스도를 제외하고) 예수의 죽음 이후 유대인 애국자들이 쓸데없는 반란을 일으켜서 로마 권력을 불러들이는 바람에 결국 유대 국가가 멸망하는 비극으로 끝나고 만다. 참된 예언자이자 왕이신 예수만 제외하고, 구약성경은 자기모순으로 끝나고 있는 것이다.

그럼에도 구약성경의 실마리는 거기에 있다. 사람들에게 볼 수 있는 눈만 있었다면 그것을 간파할 수 있었을 것이다. 막강한 제국들 사이에서 시달리고 두들겨 맞고 노예로 끌려가고 짓눌렸던 이 민족, 하나님의 나라를 꿈꾸면서도 지상 왕국의 발에 짓밟혔던 백성의 이 이상한 이야기에 담긴 의미는 무엇인가? 이와 같은 실패와 자기모순, 이처럼 허망한 역사의 뜻은 무엇인가? 이는 하나님이 존재하지 않는다는 것을 의미하는가? 사실 이스라엘 주변에 있던 대다수의 나라들은 그렇게 생각하며 그들을 조롱했다. 그 나라들은 이스라엘을 향해 "지금 너희 하나님이 어디에 있는가?"라며 끊임없이 비웃는 소리를 퍼부었다. 아니면 하나님이 장차 팔을 걷어붙이고 다른 모든 나라를 파멸시키며, 온 세상이 보는 데서 이스라엘의 원수를 갚을 날만 기다리고 있다는 뜻인가? 예수 당시에 대다수의 유대인들은 이렇게 생각하고 있었다. 그러나 구약성경 안에 이런 질문들에 대한 답변을 담고 있는 한 목소리가 있었다. "그는 사람들에게 멸시를 받고, 버림을 받고, 고통을 많이 겪었다.……그러나 그가 찔린 것은 우리의 허물 때문이고, 그가 상처를 받은 것은 우리의 악함 때문이다.……우리는 모두 양처럼 길을 잃고, 각기 제 갈 길로 흩어졌으나, 주님께서 우리 모두의 죄악을 그에게 지우셨다"(사 53:3-6, 새번역). 예수 당시의 유대인들은 이 말씀을 읽었어도 그 뜻은 깨닫지 못했다. 우리가 오늘날 그들이 쓴 주석들을 공부해 보면 그들이 이런 말씀을 이해하지 못했다는 사실을 알 수 있다. 하지만 예수는 거기에 하나님의 모든 구원 이야기—대속의 고난을 통해 인류를 구속하는 이야기—를 이해하는 실마리가 담겨 있다는 것을 알았다. 이스라엘의 이야기, 예레미야와 이사야 같은 하나님의 종들의 이야기는 모두 이 핵심적인 진리를 가리키고 있었다. 즉, 하나님께서 그분의 종이 고난당하고 버림받고 실패하고 패배하고 수치를 겪는 일을 통하여 세상을 구원해야 한다는 것이다. 하나님의 거룩한 사랑은 고난과 죽음의 대가를 치를 때에만 사람들의 죄와 바꾸어질 수 있는 것이다. 이것이 바로 이스라엘의 역사가 지닌 이상한 자기모순의 의미다. 그런데 이 의미는, 하나님이자 사람인 그분이 친히 참된 예언자요 제사장이요 왕으로 세상에 오셔서 세상의 죄를 위해 고난당하고 죽을 때에만 명백히 드러날 수 있었다. 예수가 없으면 구약성경은 자기모순으로 끝날 뿐이다. 오직 예수와 그분의 십자가에 비추어 볼 때에만, 아브라함의 부르심에서 세례 요한의 도래에 이르는 하나님의 백성의 모든 이야기가 바로 예수 그리스도를 통한 구원 사역의 준비 단계였음을 깨달을 수 있다. 그러면 이제 그리스도의 사역에 대해 공부하도록 하자.

5. 구원자의 사역

구원의 좋은 소식

"하나님이 세상을 이처럼 사랑하사 독생자를 주셨으니 이는 그를 믿는 자마다 멸망하지 않고 영생을 얻게 하려 하심이라"(요 3:16). 그리스도인이면 누구나 알고 또 좋아하는 이 구절은 구원의 좋은 소식을 한 문장으로 요약한 것이다.

맨 처음 눈에 들어오는 사항은 우리 구원의 창시자가 하나님이라는 사실이다. 우리는 이미 사람이 스스로 죄의 그물에서 벗어날 수 없다는 것을 살펴보았다. 마치 교묘한 덫에 걸린 동물처럼 인류는 죄의 덫에서 빠져나오려고 몸부림을 치지만, 그러면 그럴수록 그 덫은 더욱 강하게 그를 옥죈다. 죄에서 해방되려는 그의 노력 역시 죄로 오염되어 있어서 그를 죄 속으로 더 깊이 몰아넣는다. 죄는 사람의 의지의 중심이 타락한 것이기 때문에, 그가 자유롭게 되고픈 의지가 있어도 죄 속으로 더 깊숙이 빠질 뿐이다.

이 점은 우리가 구약성경을 공부할수록 더욱 분명해진다.

하나님의 백성이 하나님께 더 가까이 나아가려고 하면 할수록 그들과 그분을 갈라놓는 간격은 더 깊어질 뿐이다. 이것이 바로 구약성경의 비극이다. 그리고 이 비극은 신약성경의 바리새인들에게서 절정에 도달한다. 이들은 유대인 성직자 가운데 열정과 에너지가 가장 넘쳤던 사람들이었다. 이들은 온 유대 민족을 하나님의 율법에 복종시키려고 끊임없이 수고했다. 이들의 목표는 이들 자신과 그 백성의 삶에서 불결한 것을 하나도 빠짐없이 뿌리 뽑는 일이었다. 그런데 이들이 바로 예수를 죽이는 데 앞장섰던 사람들이었다. 이 사실을 통해 우리는 죄의 본성이 드러나는 것을 보게 된다. 바리새인들은 어느 누구보다도 죄로부터 벗어나고픈 의지가 강했지만, 바로 그 의지가 이들로 하여금 세계 역사상 가장 끔찍한 죄를 짓도록 만들었다. 사람은 결코 자기 힘으로 죄의 손아귀에서 벗어날 수 없고, 오로지 하나님만이 그를 해방시킬 수 있다. 그리고 하나님은 그 일을 해내셨다. 이것이 바로 우리가 전하는 좋은 소식이다.

둘째, 하나님의 구원 행위는 세상에 대한 그분의 사랑에서 촉발되었다. 우리는 온 세상이 죄의 권세 아래 있고 따라서 하나님과 적대적인 상태에 있다는 것을 살펴보았다. 그런데도 하나님은 세상을 사랑하셨고 지금도 여전히 사랑하신다. 이는 우리가 결코 잊어서는 안 될 사실이다. 그런데 때로는 그리스도인들이 그리스도의 십자가를 설명하다가, 그리스도의 사랑과 자기희생이 하나님의 진노를 돌이켜서 우리의 구원을 확보했다는 주장을 펼치기도 했다. 이것은 진리를 곡해한 것이다. 물론 우리가 살펴본 것처럼 하나님의 진노가 세상의 죄를 겨냥하여 나타난 것은 사실이다. 하나님의 진노는 엄연한 실재다. 십자가를 이해하려면 먼저 그 진노를 이해해야 한다. 그러나 우리의 구원을 확보한 그 사랑은 하나님으로부터 오는 것이기도 하다. 하나님 안에 진노와 사랑이 모두 있다는 말이다. 진노는 그분의 사랑의 뒷면이다. 하지만 하나님의 진노는 하나님이 아닌 그 어떤 것도 돌이키게 할 수 없다. 하나님이 자기 아들을 세상의 구원자가 되도록 주신 것은 그분이 세상을 사랑하기 때문에 일어난 일이다.

셋째, 하나님은 자기의 독생자를 주심으로 세상을 구원하셨다. 이 점을 이해하려면 성삼위일체 교리를 잠깐 다룰 필요가 있다. 이 교리는 우리 인간의 지성으로는 완전히 이해할 수 없는 하나의 신비다. 우리는 하나님의 본성이 우리의 지성이 파악할 수 있는 것보다 훨씬 크다는 점을 인정해야 한다. 하지만 하나님이 우리에게 계시하신 내용을 이해하려고 노력할 필요는 있다. 하나님은 우리에게 그분의 본성이 완전한 사랑임을 계시하셨다. 그분의 존재 안에는 완전한 사랑이 충만하게 있다. 그렇기 때문에 하나님은 인격적인 존재이지만 하나의 인

구원자의 사역

격은 아니라고 말할 수밖에 없다. 단일한 인격은 사랑의 충만함을 소유할 수 없기 때문이다. 충만한 사랑은 사랑을 주고받는 곳, 상호 간의 사랑이 있는 곳에만 존재한다. 그런데 그리스도를 통해 우리에게 계시된 것은 그 안에 주고받는 사랑이 존재하는 하나님, 그 속에 상호 간의 완전한 사랑이 있는 그런 하나님이다. 아버지는 아들을 사랑하고 아들은 아버지를 사랑하며, 그들은 동일한 성령 안에서 함께 묶여 있다. 이는 물론 우리의 지성이 파악할 수 있는 범위를 뛰어넘는 진리다. 하나님은 한분밖에 존재하지 않지만, 그분은 한 인격이 아니라 아버지이고 아들이고 성령이시다. 그분은 우리가 생각할 수 있는 모든 것을 뛰어넘고 한 인격 안에 존재할 수 있는 모든 것을 뛰어넘는, 사랑과 기쁨으로 가득한 대양大洋이시다. 그 아들은 우리의 구원을 확보하기 위해 그처럼 충만한 상태로부터 나와 세상으로 오신 것이다. 그분은 죄의 권세 아래로 오셨기 때문에 죄의 값인 고난과 죽음 아래로 오신 셈이다. 그렇지만 그분은 여전히 하나님의 연합 안에서 아버지와 하나가 된 상태로 계셨고 지금도 마찬가지다. 그 아들이 자기의 영혼을 죽음에 쏟아냈을 때는 물이 모래에 쏟아지듯이 쏟아 낸 것이 아니다. 그분은 그 영혼을 아버지의 손에 쏟아 냈다. "아버지, 내 영혼을 아버지의 손에 부탁하나이다." 그리고 아버지는 그 제물을 받으셨다. 그러므로 하나님이 세상을 죄로부터 구원하려고 오셨을 때, 그분은 신성神性을 버린 것이 아니었다. 그분은 언제나 주고받는 사랑으로 가득한 대양, 그리하여 언제나 기쁨으로 충만한 대양, 곧 하나님으로 사셨고 지금도 마찬가지다. 그러면 그 아들이 어떻게 세상의 구원을 위해 아버지로부터 왔는가? 그분은 "죄 있는 육신의 모양으로"(롬 8:3) 오셨고 "육신이 되신"(요 1:14) 것이었다. 그분은 자기를 비워서 종의 모습을 취하고 사람과 같이 되었다(빌 2:7). 이 다양한 어구들은 모두 하나님인 그분이 스스로 우리의 인성人性을 취했다는 것을 의미한다. 즉, 죄와 죽음의 권세 아래 있는 인간이 되셨다는 것이다. 그분이 취한 인성은 몸과 정신과 영혼을 모두 지닌 완전한 인성이었다. 그분은 한 육체 속의 분리된 영혼이 아니라 전적으로 완전하게 인간이었다. 그 인성은 일시적인 겉모습에 불과한 것도 아니었다. 그분은 우리의 인성을 영원히 받으셨다. 인간으로서 그분은 죽은 상태에서 부활하여 하늘로 올라갔다. 한 인격 안에서의 신성과 인성의 결합은 우리의 이해를 뛰어넘는 신비임에 틀림없다. 그러나 사도들의 기록을 보면 그것은 사실이다. 복음서의 이야기를 읽어 보면 그분이 모든 면에서 우리와 똑같은 사람이라는 것을 알 수 있다. 그분은 죄의 유혹을 받고, 피로와 배고픔과 목마름을 느끼고, 불신에 실망하고 놀라며, 친구들과의 교제를 갈망하는 완전한 인간이다. 하지만 동시에 그분은 오직 하나님만이 할 수 있는 것을 말하고 행한다.

그분은 구약성경에서 하나님의 율법을 끌어다가 "옛 사람들에게 말한 바……하였다는 것을 너희가 들었으나 나는 너희에게 이르노니……"라고 말씀한다. 하나님이 아니면—신성을 모독하는 자가 아닌 한—어느 누가 이런 식으로 말할 수 있겠는가? 혹은 이런 말씀을 생각해 보라. "자기 목숨을 얻는 자는 잃을 것이요, 나를 위하여 자기 목숨을 잃는 자는 얻으리라"(마 10:39). 혹은 이런 말씀은 어떤가? "누구든지 이 음란하고 죄 많은 세대에서 나와 내 말을 부끄러워하면 인자도 아버지의 영광으로 거룩한 천사들과 함께 올 때에 그 사람을 부끄러워하리라"(막 8:38). 여기서 굳이 많은 예를 들 필요가 없을 것이다. 예수는 20세기 전 팔레스타인에서 사람들 가운데 살았던 한 사람이었고, 동시에 사람이 하나님께만 드려야 할 순종을 요구하며 완전한 권능을 지닌 하나님의 대변자로 말하고 행동했던 신적 인물이었다. 예수의 비유에 따르면, 포도원 주인이 악한 경작자들로부터 자신의 몫을 받으려고 모든 종을 보냈는데, 그들이 종들을 때리고 능욕하는 바람에 더 이상 어찌할 수 없게 되자 마지막으로 사랑하는 아들을 보냈다고 한다(12:6). 이것이 바로 하나님이 세상을 위해 하신 일이다. '모든 신 중의 신이요, 모든 빛 중의 빛이요, 참된 신 중의 참된 신'인 그분은 하늘로부터 내려와서 스스로 죄 많은 인성을 취하고 동정녀에게서 태어나 완전한 인간의 삶을 살고, 죽었다가 다시 살아나서 하늘로 올라가셨다. 그분은 스스로 우리의 죄를 짊어진 채 우리와 똑같이 격심한 죄의 유혹을 받기에 이르렀다. 하지만 죄악의 한복판에서도 죄가 없는 완전한 삶을 사셨다. 그분과 하나님 아버지 사이에 일말의 악이라도 끼어든 적은 단 한 순간도 없었다. 그분은 매 순간 아버지와 완전한 친밀함을 누리며 '아버지의 품속에' 있었다. 그러므로 그분은 적의 영토 내에서 본성 속에 있는 죄와 만나 그것을 이겼던 것이다.

이제까지 우리는 많은 것을 다루었지만 아직 문제의 핵심에 도달하지는 못했다. 문제의 핵심이란 바로 예수의 죽음을 말한다. 이는 의심의 여지가 없는 사실이다. 신약성경은 이 점을 아주 분명히 하고 있다. 예수의 탄생과 삶과 가르침과 기적에 관해 묘사하고 있는 복음서들을 보면, 관심이 그분의 고난과 죽음과 부활에 집중되고 있는 것을 알 수 있다. 서신들은 오히려 복음서보다 이 점을 더 분명히 한다. 사도 바울은 고린도 교인들에게 기독교의 메시지를 요약해 줄 때(고전 15:1-11) 온통 예수의 죽음과 부활만 이야기한다. 그 밖의 모든 가르침도 이 점을 뒷받침하고 있다. 그가 전하는 메시지는 "십자가의 도"(1:18-25)이다. 그리고 베드로와 요한이 쓴 서신들도 이와 똑같은 것을 강조하고 있다. 사실 잘 알다시피 십자가는 기독교의 보편적인 상징이 되었다. 십자가야말로 그리스도와 죄 사이의 결정적인 싸움이 벌어진 곳, 사탄의 권세가 모든 힘을 총

동원하여 공격한 곳, 그 권세가 마침내 패배한 곳이다. 그곳은 온 인류를 대신하여 죄의 값이 치러졌던 장소다(롬 6:23).

십자가는 그리스도가 행한 모든 사역에서 결코 분리될 수 없다. 그분의 성육신이 없었다면 십자가도 없고 따라서 구원도 있을 수 없다. 그분의 말씀과 사역이 없었다면 우리로서는 우리를 위해 거기서 죽은 인물이 누구였는지를 알 길이 없을 것이다. 그분의 부활이 없었다면 십자가는 우리에게 승리가 아닌 패배로 알려졌을 것이다. 아버지께로 돌아가는 그분의 승천과 성령의 선물이 없었다면 다른 시대와 장소에 살고 있는 우리는 결코 그리스도 안에 동참할 수 없을 것이다. 이 모든 일은 그리스도께서 온 세상의 구원을 위해 행하신 완전한 사역의 구성요소들이다. 그러나 그 사역의 중심과 초점은 어디까지나 십자가이고, 이어지는 장들에서 우리가 특별히 다룰 내용도 바로 이 십자가에 관한 것이다.

네 번째로 이 구절(요 3:16)은, 하나님이 자기 아들을 보낸 목적은 "그를 믿는 자마다 멸망하지 않고 영생을 얻게" 하기 위함이라고 말씀한다. 영원한 생명이 그 목적이라는 것이다. 이 땅에는 죽음에 이르는 길이 존재한다. 온 세상이 그 길 위에 있다. 세상은 곧 죽음과 멸망과 공허와 어두움에 이르는 길을 걷고 있는 중이다. 그러나 이것은 사랑의 하나님이 원하시는 바가 아니다. 그분은 피조물이 생명을 얻기를, 그 생명을 지금

죄와 구원

얻기를 바라신다. 물론 하나님이 친히 약속하신 새 하늘과 새 땅이 도래할 때까지는 우리가 완전하고 충만한 생명을 누리지 못하는 게 사실이다. 그 충만함은 모든 사람을 위한 것이므로 우리 홀로 누릴 수는 없다. 우리는 아직 우리가 있어야 할 곳에 자리를 잡고 죽음의 권세 아래 있는 이 세상 한복판에서 복음의 증인이 되어야 한다. 우리의 몸은 죽게 되어 있으나, 지금 우리가 그 영생에 참여하는 자가 되는 것이 하나님의 뜻이다. 그분은 성령을 통해 거기에 동참하게 하신다. 성령의 선물에 의해, 우리는 이 세상에 사는 지금이라도 우리가 영생의 상속자인 것을 알 수 있다. 영생이 우리에게 주어진 것은 우리 속에서 "영생에 이르게 하는 샘물이"(요 4:14, 새번역) 솟아나게 하기 위함이다.

끝으로, 이 본문은 우리가 이 큰 복을 붙잡으려면 믿음이 필요하다고 말씀한다. 내가 믿기만 한다면 그리스도께서 20세기 전에 팔레스타인 땅에서 단 한 번에 이루신 구원 사역이 오늘 여기에서 내 것이 될 수 있다고 말씀한다. 믿음은 그리스도께서 이루신 일을 붙잡아 내 것이 되게 하는 손과 같은 것이다.

하나님의 구원 사역의 중심에 예수 그리스도의 십자가 죽음이 있다는 것을 살펴보았다. 이제 이에 관해 주로 이야기할 때가 되었다. 십자가가 중심을 이루고 있는 구원 사역 전체를 결코 잊어서는 안 된다. 십자가를 따로 떼어 놓은 채 그 이전

구원자의 사역

과 이후에 있었던 일들을 소홀히 여기면 안 된다는 말이다. 그렇기는 하지만, 신약성경은 우리가 우리의 구원의 근원을 찾을 때 일차적으로 그리스도의 죽음에 관해 생각해야 한다고 가르치고 있다.

우리가 그렇게 하려고 할 때, 사람의 지성으로는 결코 완전히 파악할 수 없는 하나의 신비를 다루고 있다는 사실을 기억할 필요가 있다. 그동안 그리스도의 죽음에 관해 쓴 책만 해도 수천 권에 이른다. 그리스도의 죽음이 어떻게 우리를 구원하는지를 설명하려고 개발된 논리만 해도 상당히 많다. 그러나 그 논리들 중에 어느 것도 그 진리를 제대로 '설명하지는' 못한다. 이 모든 논리는 그 진리를 시사하고 암시하고 가리킬 따름이다. 인간의 모든 경험 가운데 십자가에 필적할 만한 것은 하나도 없기 때문에 그 어떤 일반론도 그것을 설명할 수 없다. 그러나 신약성경에는 유익한 그림과 상징들이 많이 나오기 때문에 그것들을 모두 종합하면 십자가를 어느 정도는 이해할 수 있을 것이다. 이제 예수께서 친히 자기의 죽음에 관해 가르친 내용을 살펴보고, 이어서 십자가의 의미를 가리키기 위해 사용된 중요한 상징들을 고찰해 보자.

자기 죽음에 대한 예수의 가르침

1. 그분의 죽음은 꼭 필요한 것이다

예수는 사역을 시작한 초창기부터 자신의 죽음을 예상하고 있었던 것 같다. 그분은 그 자신과 제자들을 혼인 잔치에 비유하며(막 2:19-20) 신랑을 빼앗길 날이 올 것이라고 말한다. 여러 곳에서 메시아는 신랑으로, 그리고 그의 오심은 혼인의 기쁨으로 비유되어 있다. 그런데 여기서 그분은 신랑을 빼앗길 날이 올 것이라고 그들에게 확실히 경고하고 있다. 이와 비슷하게, 마가복음 3장 1-6절에서도 유대인들이 자신을 죽이려고 모의하는 것을 알고 있다고 분명히 밝히고 있다. 그러나 예수가 제자들에게 자기가 죽어야 한다고 명백하게 밝히기 시작한 것은 베드로가 그분을 그리스도로 고백한 직후다. "인자가 반드시 많은 고난을 받아야 한다"는 것이 그분이 거듭해서 그들에게 역설한 내용이다(8:31, 9:31, 10:33-34). 이처럼 그분이 죽음을 향해 가고 있음을 아는 가운데 "예루살렘을 향하여 올라가시기로 굳게 결심"(눅 9:51)하셨다는 것을 우리는 알게 된다.

2. 그분의 죽음은 아버지의 뜻이다

한 가지 분명한 것은, 예수가 자신의 죽음을 단지 자기에게 달려드는 세력들 때문에 어쩔 수 없이 받아들인 것이 아니라는 사실이다. 그분은 자신의 죽음을 하늘에 계신 아버지의 뜻으로 수용했다. 우리가 앞 장에서 살펴본 것처럼, 많은 증거에 따르면 그분은 자기를 향한 아버지의 뜻을 이사야에 나오는 고난 받는 종의 예언에서 발견했던 것이 분명하다. 복음서들을 읽어 보면 이사야 53장의 언어를 상기시키는 대목이 자주 나온다. 예컨대, 그분이 열두 제자에게 "그런데, 인자가 많은 고난을 받고 멸시를 당할 것이라고 기록한 것은, 어찌 된 일이냐?"(막 9:12, 새번역)고 물은 것은 그 예언을 언급한 것임이 틀림없다. 아울러 누가복음 22장 37절에서는 "내가 너희에게 말한다. '그는 무법자들과 한 패로 몰렸다'고 하는 이 성경 말씀이, 내게서 반드시 이루어져야 한다"고 아예 직접 인용하고 있다.

그분의 죽음이 아버지의 뜻이었다는 사실은 예수가 겟세마네 동산에서 드렸던 기도에서 아주 명백히 드러난다. "아빠 아버지여, 아버지께는 모든 것이 가능하오니 이 잔을 내게서 옮기시옵소서. 그러나 나의 원대로 마시옵고 아버지의 원대로 하옵소서"(막 14:36). 이 말씀을 비롯하여 겟세마네에서 일어난 모든 일은 예수께서 그의 죽음을 단지 불가피한 어떤 것이 아니라 아버지의 뜻을 행하는 수단으로 받아들였다는 것을 명백히 보여준다. 고난을 받고 죽는 것은 우발적인 사건이 아니라 하나님께서 그분에게 주신 소명의 성취였던 것이다.

3. 그분의 죽음은 자신을 죄인들과 동일시한 결과다

예수는 사역을 시작할 때 요한의 세례를 받으러 요단 강으로 가셨다. 이 세례는 "죄 사함을 받게 하는 회개의 세례"(막 1:4)라고 불렸다. 세례를 받으러 온 사람들은 자신이 범한 죄의 무게를 느끼고 거기서 해방되려고 갈망했던 사람들이었다. 하지만 예수의 말씀에 따르면 그분에게는 개인적인 죄의 짐이 하나도 없었던 것이 분명하다. 아주 위대한 성인聖人이라도 하나님께 나아가면 자기의 죄를 의식하게 되는데, 예수는 그런 죄의식이 전혀 없이 늘 아버지와 투명한 교제를 즐기는 것처럼 이야기하셨다. 하지만 예수는 사람들과 하나가 되었다고 강하게 느꼈고, 그들을 너무도 사랑하여 그들과 동일시된 나머지 기쁘게 그들과 함께 똑같은 세례에 동참하기로 한 것이다. 바로 그 순간 그분의 독특한 본성과 소명에 대해(1:11), 그리고 그 과업을 위한 성령의 능력부여에 대해(1:10) 결정적인 확신을 얻게 되었다. 그것이 곧 세상의 구주로서의 사역이 시작되는 지점이었다. 또 그분은 자기의 죽음에 대해 말할 때 그것을 그분의 세례가 성취되는 사건으로 이야기하곤 했다. "나는 받을 세례가 있으니 그것이 이루어지기까지 나의 답답함이 어떠하겠느냐"(눅 12:50). 이처럼 그분이 죄인들과 자신을 동일시하는 일은 십자가에서 외친 처절한 부르짖음에서 절정에 이른다. "나의 하나님, 나의 하나님, 어찌하여 나를 버리셨나이까"(막 15:34). 여기서 우리는 죄 없는 하나님의 아들이 두 명의 살인자들 사이에서 그들과 다름없는 죄수처럼 십자가에 못 박히는 장면, 비참하고 부끄러운 처지에 빠진 죄 많은 인간들과 완전히 하나가 되어 지옥의 구덩이에서 울부짖는 모습을 보게 된다. 그분은 "범사에 형제들과 같이 되심이 마땅하도다. 이는 하나님의 일에 자비하고 신실한 대제사장이 되어 백성의 죄를 속량하려 하심이라"(히 2:17).

4. 그분의 죽음은 세상에 대한 하나님의 심판이다

가장 기억할 만한 예수의 비유 중 하나는 악한 소작인의 비유라고 불리는 것이다(막 12:1-12). 이 비유의 배경은 이사야의 유명한 포도원 비유다(5:1-7). 모든 유대인은 이스라엘이 주님의 포도원이었고, 주님이 열매를 맺게 하려고 포도나무를 심었다는 것을 잘 알고 있었다. 지금 예수는 그 이야기를 각색하여 다른 형식으로 들려준다. 포도원의 주인은 자기의 몫을 받게 하려고 종들을 하나씩 차례로 보낸다. 그런데 그들은 하나같이 배척과 모욕을 당했다. 이는 분명히 위대한 예언자들의 기나긴 계보를 가리키는 것이다. 마침내 포도원 주인은 자신의 '사랑하는' 아들을 보내며 "그들이 내 아들은 존대하리라"고 말한다. 그러나 그 소작인들은 그 아들을 잡아서 죽이고 포도원 바깥에다가 내던졌다. 이어서 "포도원 주인이 어떻게 하겠느냐"는 질문이 따라온다. 이 이야기의 의미는 모든 청중에게 너무도 자명한 것이었다. 예수는 사람들에게 보낸 하나님의 최후의 말씀이므로, 만일 그들이 (곧 그렇게 했듯이) 그분을 배척하면 하나님의 최후의 심판을 자초하게 될 것이라는 경고다. 또한 그분은 논점을 더욱 분명히 하기 위해 구약성경에서 또 다른 유명한 단락을 끌어와서 이렇게 덧붙인다. "건축자들이 버린 돌이 모퉁이의 머릿돌이 되었나니 이것은 주로 말미암아 된 것이요 우리 눈에 놀랍도다." 이번에도 그 뜻은 매우 명백하다. 그분 자신이 그 머릿돌이다. 그리고 누가복음에는 그분이 이런 말을 덧붙인 것으로 나와 있다. "무릇 이 돌 위에 떨어지는 자는 깨어지겠고, 이 돌이 사람 위에 떨어지면 그를 가루로 만들어 흩으리라"(20:18). 예수의 십자가 죽음은 세상에 내린 하나님의 결정적인 심판이다.

5. 그분의 죽음은 대속이다

네 복음서에 나오는 가장 유명한 예수의 말씀 중 하나는 바로 이 구절이다. "인자가 온 것은 섬김을 받으려 함이 아니라 도리어 섬기려 하고 자기 목숨을 많은 사람의 대속물ransom로 주려 함이니라"(막 10:45). 시편 49편은 "아무도 자기의 형제를 구원하지 못하며 그를 위한 속전ransom을 하나님께 바치지도 못한다"(7-8절)고 말씀한다. 그런데 예수는 바로 그 일을 하기 위해 왔다고 말씀하신다. 사람의 영혼은 버림받고 망가지고 상실되었다. 그 어떤 사람이라도 그들을 구속할 수 없다. 그러나 예수는 자기 목숨을 그들을 위한 대속물로 주기 위해 오셨다. 이 구절을 그리스어로 읽어 보면 그분이 그들을 위해서, 그리고 그들을 대신하여, 곧 그들의 자리에서 자기 목숨을 내주고 있다는 점을 분명히 알 수 있다. 그리고 여기서 '대속물'로 번역된 단어는 구약성경에서 화목제물propitiation로 번역된 단어와 같은 것이다. 예수의 이 말씀은 어떻게 해서 그분의 목숨이 많은 사람을 위한 대속물이 되는지는 설명해 주지 않는다. 그러나 그분이 버림받은 사람들의 생명을 대신하여 자기 생명을 주기 위해 오셨다는 점은 아주 명백히 밝히고 있다.

6. 그분의 죽음은 희생제사다

앞서 인용한 구절에 '대속물'로 번역된 단어가 구약성경에 나오는 제사제도와 관련이 있다는 것을 살펴보았다. 이 개념이 아주 명백히 드러나는 또 다른 대목이 있다. 최후의 만찬에서 예수는 제자들에게 떡을 주신 뒤에 "받으라. 이것은 내 몸이니라"고 말씀하셨고, 그들에게 잔을 주신 뒤에 "이것은 많은 사람을 위하여 흘리는 나의 피 곧 언약의 피니라"(막 14:22-24. 마 26:28은 "죄 사함을 얻게 하려고"라는 어구를 더하고 있다)고 말씀하셨다. 여기서 '언약의 피'란 무슨 뜻인가? 이는 모세 시대에 시내 산에서 언약을 맺었던 것을 언급하고 있는 어구임이 거의 틀림없다. 그 대목을 보면, 수송아지들을 제물로 드려 그 피의 일부는 제단에 뿌리고 또 일부는 백성에게 뿌린 뒤에 모세와 이스라엘의 장로들이 하나님을 뵙고 그분 앞에서 먹고 마셨다(출 24:4-11). 그렇게 해서 옛 언약이 개시되었던 것이다. 즉, 제물로 동물의 피를 바치고 이로 말미암아 하나님과 그 백성이 서로 화해하게 되었다. 예수께서 하신 말씀은 그와 마찬가지로 자기의 목숨을 제물로 드림으로써 하나님과 사람 사이의 새 언약이 개시된다는 뜻이다. 이번에도 이 말씀은 어떻게 이런 제물이 죄를 제거하고 사람과 하나님 사이의 새 언약을 수립하게 되는지는 설명하지 않는다. 그러나 예수가 자기의 죽음을―그 옛날의 제물과 같이―하나님과 사람 사이에서 속죄를 위한 제물로 간주했다는 점은 확실히 보여준다.

7. 그분의 죽음은 세상에 생명을 주는 수단이다

요한복음에는 예수께서 자기의 죽음이 세상을 위한 새 생명의 수단이 될 것으로 믿고 있는 장면이 많이 나온다. 이것이 6장에 나오는 긴 담론의 골자인데, 거기서 그분은 자신이 하늘로부터 내려온 떡이라고 말씀하고 있다. "내가 줄 떡은 곧 세상의 생명을 위한 내 살이니라." 10장에서는 자신이 양들을 위해 목숨을 버리는 선한 목자라고 말씀한다. "내가 온 것은 양으로 생명을 얻게 하고 더 풍성히 얻게 하려는 것이라. 나는 선한 목자라. 선한 목자는 양들을 위하여 목숨을 버리거니와"

(10:10-11). 12장에서는 밀알 하나가 땅에 떨어져서 죽지 않으면 새로운 생명을 낳을 수 없다고 말씀하고(12:24-25), 장차 그분이 땅에서 들려 올라가서 모든 사람을 자신에게로 이끌어 올 것이라고 말씀한다(12:32). 이런 말씀은 마가복음에 나오는 그분의 말씀과 비슷하다. "누구든지 자기 목숨을 구원하고자 하면 잃을 것이요, 누구든지 나와 복음을 위하여 자기 목숨을 잃으면 구원하리라"(8:35). 여기서 우리는 성전에 관한 그분의 말씀에도 주목해야 하는데, 이는 요한복음에 완전한 형태로 기록되어 있고 다른 복음서에도 언급되어 있다(요 2:19-22. 막 14:58; 15:29 참조). "너희가 이 성전을 헐라. 내가 사흘 동안에 일으키리라." 제자들은 당시에는 이 말씀을 이해하지 못했으나 나중에야 깨닫게 되었다. 그분의 죽음은 새로운 성전을 탄생시킬 터인데, 그것은 하나님을 위한 새로운 거처, 곧 그분의 몸으로서 모든 인류가 하나님과 교제하기 위해 함께 모이는 교회를 일컫는 말이었다.

8. 그분의 죽음은 개별적인 사건이 아니라, 다른 이들의 참여를 요청하는 것이다

마가복음에 따르면, 예수는 자기의 죽음에 대해 드러내 놓고 말씀하기 시작한 직후에 제자들에게 그들의 십자가를 지고 자기를 따라오라고 요구했다(8:34). 예수의 죽음은 세상에 새

로운 생명을 주는 수단이므로, 예수를 믿는 사람들은 그분과 함께 죽어서 그분을 통해 새로운 생명을 얻어야 하는 것이다 (8:35). 최후의 만찬에서 그분은 제자들에게 그분의 찢긴 몸인 떡을 받아먹고, 자신이 흘린 피인 포도주를 마시라고 요구한다. 달리 말하면, 그들은 그분의 죽음과 새로운 생명에 동참하는 자들이 되어야 한다는 뜻이다. 그리고 겟세마네 동산에서는 그들에게 자신과 함께 깨어 있으면서 세상을 위한 격심한 고통에 동참할 것을 간곡히 부탁한다. 자신의 극심한 괴로움에도 제자들이 잠에 빠지자, 그분은 마음에 큰 상처를 입고 그들에게 물었다. "너희가 나와 함께 한 시간도 이렇게 깨어 있을 수 없더냐"(마 26:40). 그분의 죽음은 모든 인간을 위한 것, 모든 인간을 대신한 것이다. 그분은 사람이 스스로 할 수 없는 어떤 일을 행한다. 그러나 사람들이 뒤로 물러서서 그분을 홀로 내버려 두는 것이 아니라 구원을 가져오는 자신의 고통에 동참해 주기를 바란다.

이제까지 우리는 예수가 자신의 죽음에 관해 어떻게 생각했는지를 살펴보았지만 이것이 전부는 아니다. 이 밖에도 더 많은 것을 생각할 수 있겠지만, 이 여덟 가지 항목은 예수의 죽음이 그분에게 주어진 사명의 성취와 관련하여 그 중심에 있었다는 것을 보여주기에 충분하다. 이런 가르침에도 불구하고 제자들은 그분이 죽임을 당할 때 그에 대한 준비가 미처 되어 있지 않았다는 것을 우리는 알고 있다. 그들에게 일러 준 그 모든 말씀에도 불구하고, 그것이 너무나 끔찍한 사건인지라 그들은 모두 흩어져서 도망치고 말았다. 예수가 부활한 뒤에야 그들은 그 사건의 의미를 제대로 깨달을 수 있었다. 그러므로 우리가 예수의 죽음의 의미를 최대한 설명하려면 바울과 요한과 베드로 등 여러 사도들이 쓴 서신을 공부해야 한다. 우리가 그 서신들을 공부해 보면 그들의 가르침이 예수가 십자가에 죽기 전에 친히 주셨던 가르침과 다르지 않다는 것을 알게 된다. 그들의 가르침은 그리스도의 죽음을 통해 죄를 용서받고 구속된 자들로서 겪은 실제 경험에 기초하고 있다. 하지만 그것은 본질적으로 구속자 되신 그리스도가 예전에 주셨던 가르침과 다르지 않다.

우리는 예수의 가르침이 십자가의 역할을 매우 분명하게 보여주고 있음을 배웠다. 그것은 아버지의 뜻이 성취되는 사건이고, 그리스도께서 죄인들과 동일시되는 일의 절정이고, 세상에 대한 하나님의 심판이고, 인간의 구속救贖을 위한 수단이고, 희생제사이고, 세상에 새로운 생명을 주는 길이고, 신자들을 동참하도록 만드는 그 무엇이다. 하지만 그리스도인들은 십자가가 어떻게 이 모든 일을 이루는지를 묻지 않을 수 없다. 우리는 이 질문을 제기하기 시작할 때 곧바로 커다란 어려움에 봉착하게 된다. 20세기에 걸친 기독교 신학의 역사를 살펴보면 십자가에 관한 이론이 상당히 많았다는 것을 알 수 있다. 그 모든 이론은 제각기 나름의 일리를 갖고 있지만 진리를 모두 담고 있는 것은 하나도 없다. 십자가는 어느 한 이론에 담길 수 없을 만큼 위대한 신비다. 그러나 우리는 지성을 사용하여 어떻게 해서 그리스도가 우리의 구속자이자 새로운 생명의 창시자인 지를 이해하려고 노력해야 한다. 이어지는 대목에서 우리는 여러 사상의 노선을 따라 이 질문에 답변해 보고, 신약성경의 뒷부분에 나오는 가르침을 살펴보게 될 것이다.

예수의 죽음: 하나님의 사랑을 계시하는 사건

복음서들을 조금이라도 공부해 본 사람이면 누구나 예수가 남자와 여자와 어린이들을 사랑했다는 주장에 동의할 것이다. 그분은 스스로 그들과 하나가 되었을 뿐 아니라 심지어는 가장 타락하고 죄가 많은 자들과도 그러했다. 그분은 병든 자와 장애인과 나병환자를 비롯하여 어려움에 처한 모든 사람에게 치유의 능력을 쏟아 부으며 그들을 섬기는 데 온통 헌신했다. 특히 제자들을 비롯하여 개개인을 대할 때에는 각 사람에게 온유한 사랑과 배려를 베푸셨다. 뿐만 아니라 그들에게 죄 사함의 은혜까지 선사했다. 지붕을 통해 그분의 발 앞에 내려왔던 중풍병자에게, 잔치가 진행되는 동안 시몬의 집으로 들어왔던 죄 많은 여자에게, 그리고 다른 많은 이들에게 그분은 "그대의 죄가

구원자의 사역

용서받았다"고 말씀하셨다. 말하자면, 그분은 몸과 마음에 치유와 도움을 베풀었을 뿐만 아니라 사람들의 영혼을 죄의 손아귀에서 해방시켜 주었던 것이다. 그분은 자신이 자유로운 것 같이, 그들을 하나님의 자녀로서 자유롭게 만들어 주었다.

바로 이 점 때문에 예수는 유대인 당국과 심각한 갈등을 겪게 되었다. "이 사람이 어찌 이렇게 말하는가. 신성모독이로다. 오직 하나님 한분 외에는 누가 능히 죄를 사하겠느냐"(막 2:7)하고 그들은 말했다. 만일 예수가 사람에 불과한 존재라면 유대인들이 옳았다. 오직 하나님만이 죄를 용서할 수 있기 때문이다. 어떤 사람이 나에게 잘못을 저질렀다면 오직 나만이 그를 용서할 수 있다. 다른 누군가 나서서 "내가 당신을 용서하겠소"라고 말하는 것은 쓸데없는 짓이다. 잘못을 당한 피해자가 바로 그 잘못을 용서해야 할 사람이다. 그런데 만일 예수가 진실로—그분 자신과 그 제자들이 믿었던 것처럼—성육신한 하나님이라면, 용서한다는 그분의 말은 신성모독이 아니다. 그분은 하나님이 그분의 용서를 죄 많은 사람에게 선사하는 수단이었던 것이다. 그분은 자신의 말, 치유 행위, 삶 전체를 통하여 하나님의 사랑을 죄 많은 사람들에게 가져오고 있었던 것이다. 이것이 바로 자기가 하는 일이라고 그분은 믿었다. 그분이 행했던 모든 일은 한마디로 아버지의 뜻을 행하는 것이었다(요 5:19. 5장 전체는 예수의 치유 사역의 의미에 관한 설명이다). 그분은 아버지의 사랑을 세상에 가져오려고 내려온 아버지의 사랑하는 아들이다. 그분은 잃어버린 양을 찾는 선한 목자다. 사도 바울의 말처럼, "하나님께서……세상을 그리스도 안에서 자기와 화해하게 하신 것"(고후 5:19, 새번역)이다.

그리고 이런 면에서 예수의 죽음은 그분의 삶의 연장이자 절정이었다는 것을 아무도 의심하지 않을 것이다. 요한의 말대로, 그분은 "세상에 있는 자기 사람들을 사랑하시되 끝까지 사랑"(요 13:1)하셨다. 예수가 일상적인 사역에 자신의 영혼을 쏟아 부은 것은 십자가 위에서 그분의 영혼을 죽음에 쏟아 부음으로 절정에 도달했다. 그분의 생애에 스스로를 죄 많은 사람들과 동일시했던 것은 골고다에서 두 죄수들 사이에서 그들과 똑같이 죽임 당함으로 절정에 이르렀다. 그분의 죽음은 그분의 삶과 마찬가지로 명백한 사랑의 표출이었다. "아무도 내게서 내 목숨을 빼앗아 가지 못한다. 나는 스스로 원해서 내 목숨을 버린다"(요 10:18, 새번역). 그러나 이 행위는 단순한 혼자의 행위가 아니라 하나님의 뜻이 그분을 통하여 이루어지는 것이다. "이것은 내가 아버지께로부터 받은 명령이다." 사도 바울의 말처럼, "우리가 아직 죄인 되었을 때에 그리스도께서 우리를 위하여 죽으심으로 하나님께서 우리에 대한 자기의 사랑을 확증"(롬 5:8)하셨다. 그리스도의 죽음은 곧 하나님의 사랑이 나타난 사건이다.

여기서 하나님의 사랑은 오직 어떤 행위로 나타날 수밖에 없다는 사실을 주목할 필요가 있다. 말만으로는 사랑을 나타낼 수 없는 법이다. 설령 하나님이 구름 속에 '하나님은 사랑이다'는 글자를 불꽃으로 쓴다고 할지라도 그것은 우리에게 아무런 영향도 미치지 못할 것이다. 사랑은 반드시 행동으로 표현되어야 한다. 우리는 어떤 사람의 행실을 볼 때에만 그의 말을 믿을 수 있는지 여부를 알 수 있다. 하나님의 사랑을 입에 담는 것은 쉽지만, 하나님이 세상의 구원을 위해 행하신 일을 보지 않고는 그분의 사랑을 알 수 없다. 그분이 행하신 일은 바로 그분의 사랑하는 아들을 십자가의 죽음에 내어 주는 것이다.

그런데 이렇게 설명한 뒤에도 여전히 우리가 다루어야 할 어려운 문제가 두 가지 남아 있다. 첫째 문제는 사랑은 행동, 그중에서도 타인의 필요에 직접적으로 반응하는 행동으로 나타나야 한다는 것이다. 만일 내가 우물에 빠져서 죽어가고 있는데 어떤 사람이 그 속에 뛰어들어 나를 구출하고 그 과정에서 그가 익사한다면, 그 사람의 사랑에 대해서는 의심할 여지가 없다. 그 사람은 나를 위해 자기 목숨을 내어 준 것이다. 그러나 내가 만일 호랑이의 공격을 받고 있다면 그와 다른 종류의 도움이 필요할 것이다. 내 친구가 우물에 뛰어들어 익사할 수도 있지만, 그 행동이 나를 호랑이로부터 구출하지는 못할 것이다. 이 경우에는 내 친구가 자기의 목숨을 버렸다 하더라도 나로서는 그가 나를 사랑했다거나 나를 구원했다고 말할 수 없다. 그렇다면 그리스도는 십자가에서 자기 목숨을 버렸는데, 그것이 어떻게 나를 구원하게 되는 것일까? 그 행동이 어떻게 나를 나의 죄에서 구원할 수 있는가? 우리가 그리스도의 죽음과 나의 죄 사이에 어떤 연관성이 있는지 보여줄 수 없다면, 나는 그리스도의 죽음을 나를 향한 사랑의 증거로 믿을 수 없고, 그 죽음이 나를 죄에서 구원했다고 믿을 수 없다. 만일 우리가 이런 질문에 대답할 수 없다면, 십자가는 하나님의 사랑이 나타난 곳이라고 말하는 것만으로는 결코 충분하지 않다.

둘째 문제는 "죄를 용서받는 일이 어떻게 가능한가?" 하는 것이다. 이 질문은 매우 신중하게 살펴볼 필요가 있다. 먼저 우리에게 익숙한 단순한 예를 생각해 보자. 세무서장과 같이 정부의 중요한 직책을 맡은 고급 공무원은 담당 부서의 규율을 잘 유지할 책임이 있다. 부정이나 태만, 무능함과 같은 잘못을 발견하면 즉시 모종의 조치를 취해야 한다. 어떤 공무원은 아주 엄격하다. 하지만 어떤 공무원은 해이해서 잘못을 쉽게 봐준다. 우리는 경험상 이런 일이 일어나면 그 부서 전체가 타락하기 때문에, 아주 정직한 사람조차 거기서 정직하게 일하는 것이 거의 불가능해진다는 것을 알고 있다. 합당한 징계와 처벌이 없다면, 필요한 경우 악질적인 직원을 해고하는 일이 없다면, 그 부서는 썩지 않을 수 없다. 아주 엄격한 공무원이라도 때로는 잘못을 용서하는 것이 사실이다. 사실상 어떤 경우에는 반드시 그렇게 해야 한다. 그러나 이런 용서는 언제나 권위와 규율을 배경으로 삼고 있다. 용서를 받은 직원은, 만일 그가 똑같은 잘못을 다시 범하면 심한 처벌을 받을 테고, 그 행동을 계속할 경우에는 해고될 것이라는 사실을 알고 있다. 예를 들어, 어느 세무서장이 "이 세무서의 직원이 과거와 현재와 미래에 범한(혹은 범할) 모든 잘못을 이 문서에 의해 용서한다"는 공고를 발표한다면 온통 혼란과 비극을 초래하게 될 것이다. 그러면 하나님은 어떻게 그런 공고를 세상에 발표할 수 있을까? 우리가 십자가에 관해 설명할 때 "하나님은 그분의 사랑과 연민으로 세상의 모든 죄를 용서하셨다"고 말하는 것만으로는 충분하지 않다. 우리는 그 용서가 어떻게 주어지는 것인지를 이해해야 한다. 만일 하나님이 죄를 심판하고 처벌하는 일이 없이 그냥 죄를 용서한다면, 세상은 온통 혼란에 빠지고 더 이상 '옳고' '그른' 것이 존재하지 않을 것이다.

우리는 다음 대목에서 심판으로서의 십자가에 관해 이야기할 때 이 반론을 다룰 것이고, 다른 반론에 대해서는 '예수의 죽음: 대속'이라는 제목으로 다룰 예정이다.

예수의 죽음: 심판

예수의 가르침에 따르면, 십자가는 곧 자기 백성의 죄에 대한 하나님의 심판이라는 것을 살펴보았다. 이것은 사도 바울의 서신에도 여러 번 반복해서 나온다. 하나님께서는 "육신을 따르지 않고 그 영을 따라 행하는 우리에게 율법의 요구가 이루어지게 하려 하심이니라"(롬 8:4)고 그는 말한다. 십자가는 하나님의 의가 나타난 곳인 만큼(3:21-26) 필연적으로 세상의 죄에 대한 심판을 의미하는 것이다. 이에 대해서는 세 가지 방식으로 설명할 수 있다.

첫째, 십자가는 죄가 세상을 지배하고 있음을 폭로하고 있다. 예수가 직접 말씀하셨듯이(요 3:19), 그분의 오심은 큰 빛이 오는 것과 같아서 사람들의 악한 행위를 노출시키므로 그들이 그 빛에 반대하게 되는 것이다. 물론 모든 시대의 모든 사람은 이 세상에 죄가 존재한다는 것, 마땅히 해서는 안 될 일들이 저질러졌다는 것, 사람들이 결코 바람직한 상태가 아니라는 것은 인정한다. 그러나 대다수는 죄가 다른 사람들 속에 있다고 믿는다. 이들은 (가끔 실수는 하지만) 선을 행하려고 애쓰는 선한 사람, 도덕가, 경건한 사람들과 선행에 아예 신경을 쓰지 않는 나머지 사람들을 따로 구별한다. 그러나 그리스도의 빛에 드러난 사실은 전혀 새롭고 끔찍한 것이다. 바로 모든 사람이 그 빛을 거부한 반역자라는 사실이다. 예수 시대에 가장 열심히 노력하고 열정이 많고 대중적인 명성을 얻은 종교 지도자들은 바리새파였다. 그들은 옛 모세의 율법을 그 시대에 그대로 적용하고, 하나님의 모든 율법을 엄밀히 지켜야 한다고 주장하며, 회당 예배를 통하여 신앙의 축복이 모든 사람에게 임하게 하려고 노력했다. 그런데 인자가 왔을 때 그분을 죽이려는 음모를 꾸미는 데 앞장섰던 사람들은 바로 그들이었다. 예수 시대에 가장 정의롭고 안정되고 정직한 정치체제는 로마 제국이었다. 그 제국은 정의로운 법, 양질의 도로, 든든한 안보를 통해 당시 알려진 모든 세계를 공동의 평화로 한데 묶으려고 했다. 그런데 (폭동을 피하려고) 예수를 처형장에 넘겨준 자는 바로 로마 총독이었다. 예수 시대에 정치 지도자들은 사두개파와 대제사장들이었다. 그들은 이방인인 로마의 지배를 받는 중에도 유대교와 성전 예식과 제사제도를 보존하려고 애썼다. 그런데 예수를 신성모독자로 정죄한 인물은 바로 기름부음을 받은 대제사장이었다. 처음에는 예수를 그들의 지도자로 기쁘게 영접했던 보통 사람들은, 그분과 선동죄로 체포되었던 혁명가 사이에서 선택을 내려야 했을 때 바라바를 택하고 예수를 배척했다. 마지막으로, 심지어는 예수의 제자들 중에서도 한 명은 그분을 배신했고, 한 명은 부인했으며, 나머지는 그분을 버리고 도망쳤다. 예수의 죽음은 훗날 온 세계가 정죄의 화살을 퍼부을 소수의 악당이 저지른 일이 아니었다. 그것은 온 백성이 개입한 사건이었다. 처음에는 많은 사람이 기쁘게 그 빛을 좇았지만, 마지막에는 그들 자신이 그것을 참을 수 없었다. 그 빛 안에서는 어느 누구도 스스로 의롭다고 말하는 것이 불가능했다. 그리하여 마침내 모든 사람이 그 빛을 없애려고 다함께 모의를 꾸민 것이다. 바로 이 대목에서 우리는 하나님 앞에 선 인류의 진정한 처지를 알게 된다. 인간의 지식과 의와 경건에 그토록 큰 자부심을 품고 있는 인류는 사실은 하나님과 적대관계에 있는 반역의 패거리일 뿐이다. 인류는 포도원 주인의 아들이 소출을 가지러 왔을 때 마치 포도원이 자기네 소유인 양 그 상속자를 죽이는 악한 소작인들과 비슷하다. 우리가 이 점을 깨달으면 우리 자신은 죽음 이외에는 아무것도 받을 자격이 없다는 사실을 알게 된다. 우리는 죄가 얼마나 끔찍한 것인지를 알게 된다. 그리고 우리의 귀에는 다음과 같은 예수의 무서운 말씀이 생생하게 들린다. "포도원 주인이 어떻게 하겠느냐. 와서 그 농부들을 진멸하고 포도원을 다른 사람들에게 주리라." 이제까지 하나님의 정의로운 심판이 우리에게 선고되어 왔다는 것을 우리는 알고 있다.

둘째, 십자가에서 하나님의 심판이 인간의 죄에 대해 선고되었고, 그 방식은 예수가 악과 만나서 그것을 이기는 것이었다. 예수의 오심은 이전에는 감춰졌던 악을 밝히 드러내는 빛의 도래와 같았다. 그러나 그것만이 아니었다. 예수는 능동적으로 악을 만나러 나가서 그것을 선으로 이기셨다. 예수가 본래 선해야 할 사람들 속에서 악을 발견했을 때 그것을 비난했던 소리는 성경 전체에서 가장 무시무시한 것이었다. 그분은 바리새인들의 숨은 교만과 무정함을 폭로하고 비난했다. 그분은 자신들을 믿는 어린 신자들을 죄짓게 하는 자들에게 무서운 경고를 퍼부었다(마 18:6). 또한 성전을 도둑의 소굴로 만든 상업적인 이해관계를 공공연하게 공격했다. 그분은 유대의 법이 사람들을 생명에서 차단하는 데 이용될 때는 고의적으로 그것을 위반했다. 온갖 위선과 거짓에 직면했을 때는 한결같이 진리를 증언했다. 그리고 이 모든 일이 반발을 초래하고 마침내 자신을 죽이려는 음모를 낳았을 때, 그분은 뒤로 물러나지도 반격을 가하지도 않고 자신을 진리를 위해 내어 주었다. 말하자면, 그분은 악을 폭로하고 스스로를 그 공격에 내주고 그 권세를 파괴하면서, 악의 길에 자신의 온몸과 영혼을 내던진 것이다. 이 모든 일의 정점은 바로 그분의 십자가다. 그분은 십자가에서 수동적인 희생자에 머물지 않고, 악의 권세를 타도하는 능동적인 전사로서 모든 사람의 눈앞에서 죄를 공공연하게 정죄했다. 악은 대체로 속이고 선한 체하고 사람들의 눈을 가리고 헷갈리게 만들어서 그들이 선과 악을 구별하지 못하게 하여 승리를 거둔다. 예수는 그 모든 속임수를 폭로하고 악의 진면목을 노출시키고 악의 공격을 견디며, 끝까지 변함없이 사랑과 순결을 지켰다. 그리하여 그분은 악을 정죄할 수 있었던 것이다.

죄에 대한 심판으로서의 십자가에 대해 말할 것이 좀 더 남아 있다. 신약성경에는 하나님이 예수 안에서 세상의 죄를 정죄했다는 진리를 아주 강하게 표현하는 대목들이 있다. "하나님이 죄를 알지도 못하신 이를 우리를 대신하여 죄로 삼으신 것은 우리로 하여금 그 안에서 하나님의 의가 되게 하려 하심이라"(고후 5:21). "그리스도께서 우리를 위하여 저주를 받은 바되사 율법의 저주에서 우리를 속량"(갈 3:13)하셨다. 그리고 이구절들은 이사야 53장에 나오는 "여호와께서는 우리 모두의 죄악을 그에게 담당시키셨도다"라는 불가사의한 말씀을 되풀이하고 있다. 그러면 우리는 이 말씀들을 어떻게 이해해야 할까? 자칫하면 하나님이 잔인하고 비도덕적인 통치자인 것처럼 이 이야기를 곡해하기가 쉽다. 어떻게 하나님이 타인들의 죄로 인해 예수를 징벌했다는 것을 믿을 수 있을까? 이는 하나님이 악하고 불의한 존재라는 뜻이 아닌가? 이는 악한 자들이 처벌을 받지 않는다고 믿으면서 죄를 지을 수 있다는 뜻이 아닌가? 우리가 이 구절들을 바르게 이해하려면 신중하게 생각할 필요가 있다.

하나님은 거룩한 분이므로 우리를 그분과 거룩한 사랑을 나누며 살도록 만드셨다. 그러므로 하나님이 비록 우리에게 그분께 등을 돌리거나 바로 향할 수 있는 자유와 책임을 주셨지만, 그분은 죄를 억제하지 않은 채 그냥 내버려 두지는 않으신다. 그분은 잘못을 그냥 내버려 두는 해이한 공무원과 같지 않다.

그분은 진노로 죄를 저지할 뿐 아니라 그것을 처벌하고 멸망시킨다. 하나님이 정한 우주의 질서는 죄가 고통과 재난과 죽음을 초래하도록 허용한다. 그러나 (이 점이 매우 중요한데) 그분은 각 사람이 자신의 죄에 비례하여 고통을 당하게 하는 질서를 만드신 것은 아니다. 매우 분명한 것은 우리가 서로의 죄 때문에 고통을 당한다는 사실이다. 만일 그렇지 않다면 이 세상에는 사랑이 있을 수 없을 것이다. 사랑은 우리로 하여금 서로의 짐을 지고 서로의 어려움을 나눌 수 있도록 해준다. 만일 우리가 그렇게 할 수 없다면 사랑이 존재할 수 없는 법이다. 하나님은 거룩한 사랑이기 때문에 우주의 질서를 정할 때 죄가 고통을 가져오게 했을 뿐 아니라 또한 그 고통을 함께 나눌 수 있도록 하셨다.

그런데 우리가 주목해야 할 점이 또 하나 있다. 죄 많은 사람이 자기의 죄 때문에 고통을 당할 때는 보통 그것을 하나님의 의로운 심판으로 이해하지 않는다. 오히려 불운이나 운명이나 다른 누군가의 잘못으로 생각한다. 그래서 그런 경험을 저주하고 혐오한다. 만일 자기의 고통을 하나님의 의로운 심판으로 이해하기 시작한다면 이미 회개가 시작된 셈이다. 선한 사람이라면 비록 다른 사람 때문에 당하는 고통이라도 그것을 하나님의 의로운 심판으로 이해할 것이다. 죄가 얼마나 끔찍한 것인지를 이해하고 있기 때문이다. 사람이 하나님의 사랑으로 충만하면 충만할수록 스스로 타인의 슬픔과 고통을 더 기꺼이 짊어지려고 하고, 그런 것을 세상의 죄에 대한 하나님의 의로운 심판으로 받아들일 것이다. 오직 완전히 선한 사람만이 인간의 죄에 대한 하나님의 심판을 완전하게 느낄 수 있을 것이고, 스스로 그 모든 고통의 짐을 짊어질 수 있을 것이다. 그러나 죄인은 자신의 죄에서 돌이키기 시작할 때까지는 그런 일을 시작할 수조차 없다. 이런 실례는 예수와 함께 십자가에 못 박힌 두 명의 강도에게서 볼 수 있다(눅 23:39-43). 한 명은 전혀 회개하지 않은 채 그리스도를 조롱하며 자기를 구원해 보라고 외치기만 했다. 다른 한 명은 회개하기 시작했고 자기의 고통이 받아 마땅한 것임을 인정할 수 있었다.

오직 완전히 선한 사람만이 죄에 대한 하나님의 심판을 완전히 느낄 수 있고 스스로 그 모든 짐을 짊어질 수 있다. 하지만 그만큼 선한 사람이 없었으므로 하나님이 자기의 독생하신 아들로 사람의 몸을 입고 바로 그 일을 하게 하신 것이다. 유일하게 죄가 없는 그분만이 스스로 우리의 모든 죄의 짐을 짊어지고 그로 인한 고통을 받을 수 있으며, 그 고통을 죄에 대한 하나님의 의로운 심판으로 받아들일 수 있다. 오직 죄 없는 자만이 진정한 회개를 할 수 있다는 것은 하나의 역설적인 진리다. 그리고 그 회개로 말미암아 우리도 회개를 시작할 수 있다. 우리는 그 죄 없는 분에게 죄에 대한 하나님의 심판이 내려지

구원자의 사역

는 것을 볼 때에야 비로소 그 심판을 깨닫게 된다. 십자가에서 회개한 강도는 그 의로운 분이 자기 곁에서 고통당하는 장면을 보았을 때 하나님의 심판이 의롭다는 것을 깨닫기 시작했고, 또 자기의 죄를 회개하기 시작했다. "우리는 우리가 행한 일에 상당한 보응을 받는 것이니 이에 당연하거니와 이 사람이 행한 것은 옳지 않은 것이 없느니라"(눅 23:41).

그러므로 예수가 우리의 죄로 인한 벌을 받았고, 우리를 위해 저주를 받은 사람이 되었고, "하나님이 그분을 우리를 대신하여 죄로 삼았다"고 말하는 것은 결코 인간의 경험과 모순되는 것이 아니다. 우리가 그리스도를 통해 구원을 받는 것이 가능한 이유는 하나님이 우리를 서로서로 짐을 질 수 있는 존재로 만들었기 때문이다. 우리는 앞에서 죄라는 것은 사람이 벗어날 수 없는 덫과 같아서, 거기서 벗어나려고 할수록 더욱더 옥죈다는 것을 살펴보았다. 진정으로 회개하기 전에는 용서를 받을 수 없는데, 문제는 스스로 회개하는 것이 불가능하다는 점이다. 회개란 하나님과 적대관계에 있는 나 중심의 마음을 버리고 새로운 마음을 갖는 것을 의미한다. 그런데 이 새로운 마음은 나 자신으로부터 나올 수가 없다. 하지만 우리가 골고다 언덕, 곧 세상 죄의 그 모든 무시무시한 사악함이 폭로되었던 곳, 예수께서 그 죄에 대항하여 온몸을 내어던졌던 곳, 그리고 죄 없는 분이 겸손하게 순종하여 그 영혼으로 인간의 죄에 대한 하나님의 의로운 심판을 받아들였던 곳에서 일어난 일을 볼 때, 죽어가는 강도가 회개하는 일이 가능했던 것처럼 우리에게도 회개가 가능해진다. 거기서 우리는 용서란 형벌에서 해방되는 것을 의미하지 않는다는 점을 깨닫는다. (회개하지 않은 강도는 그렇게 생각했다. 눅 23:39) 죄는 반드시 고통과 죽음을 낳는다는 하나님의 법이 의롭다는 것을 우리가 알게 된다. 그리고 예수께서 그 법을 받아들인 것처럼 우리도 받아들인다. 그런데 우리가 거기에 있는 그분을 볼 때, 사람들을 사랑하여 그들의 죄를 스스로 짊어지고 죄인들과 나란히 죄인의 죽음을 당하는 죄 없는 분, 자신과 범죄자들을 구별하지 않고 그들 중의 하나로 여겨지는 것을 마다하지 않았던 그분을 볼 때, 우리 속에 새로운 마음이 태어나게 된다. 이는 한 강도로 하여금 "예수여, 당신의 나라에 임하실 때에 나를 기억하소서"라고 말하게 했던 새로운 마음이다. 첫째, 거기에는 진정한 회개가 있다. 예수께서 우리를 위해 받아들였던 그 심판을 우리도 받아들여야 한다. 둘째, 거기에는 믿음이 있다. 그분은 우리 곁에서 우리를 위해 자신을 내어 주고 있으므로 우리는 사나 죽으나 그분을 신뢰할 수 있는 것이다. 죄가 깨뜨렸던 우리와 하나님 사이의 유대관계가 여기서 회복된다. 이는 우리가 회개의 힘으로 하나님께 도달해서 이루어지는 것이 아니라, 그분이 죄인의 죽음을 죽기 위해 우리 곁으로 내려오심으로 이루어지는 일이다.

이것이 진정한 용서다. 형벌의 면제를 통해서가 아니라 예전에 깨어졌던 사랑의 유대관계가 회복되는 것을 통해서 이루어지는 일이다. 그 형벌은 여전히 받아야 한다. 그러나 그분이 우리를 위해 또 우리와 함께 그 형벌을 받고 있으며, 우리에게 남들을 위해 그분과 함께 자발적으로 그것을 받으라고 초대하고 계신다.

"오직 살아 있는 양심만이 심판과 나란히 용서를 받아들일 수 있다"는 말은 참으로 옳다. 만일 심판이 없다면 그것은 죄가 없기 때문이다. 달리 말하면, 죄가 없는 곳에는 용서가 필요 없다는 뜻이다. 만일 하나님이 심판을 하지 않고 용서만 한다면, 그분은 해이하고 타락한 공무원과 같을 것이다. 그러면 세상은 금방 파멸하고 말 것이다. 용서란 내가 먼저 죄인인 나에게 내려지는 하나님의 심판을 받아들이고, 그 유죄 판결 속에서 그럼에도 하나님이 나를 사랑하는 자녀로 붙들어 주신다는 사실을 알게 되는 것을 의미한다.

예수의 죽음: 대속

구약성경에는 종으로 팔려갔던 사람들을 값을 치르고 구제하는 일, 가난하게 되어 종으로 팔려간 친척을 구제할 의무에 관한 내용이 많이 나온다(레 25:47-55 등). 이스라엘의 예언자들은 이런 사회적 관습을 활용하여 하나님의 구원 사역을 묘사했다. 그래서 하나님은 이스라엘을 이집트의 종살이에서 구출하신 분, 또 장차 그들을 바빌로니아에서 구출하실 분, 곧 이스라엘의 구속자Redeemer로 묘사되어 있다. 이런 사상은 이사야에 거듭해서 나온다(41:14, 43:1, 44:6, 47:4, 60:16 등). 이 단락들을 보면 속량의 값에 대해서는 별로 말하지 않는데, 이사야 43장 3절에는 하나님께서 이스라엘을 속량하는 값으로 페르시아 왕에게 이집트의 세 나라를 내주었다고 기록되어 있다.

신약성경에서는 예수께서 우리를 위해 이루신 일을 이야기할 때 이 대속의 개념을 자주 사용하는 편인데, 여기서는 대속의 값이 굉장히 강조되고 있다. 그 대속의 값은 다름 아닌 예수 자신, 곧 그분의 생명의 피다. 앞에서 살펴본 대로, 예수는 "인자가 온 것은……자기 목숨을 많은 사람의 대속물로 주려 함이니라"(막 10:45)고 친히 말씀하셨다. 이와 비슷하게 사도 베드로도 "너희가 알거니와 너희 조상이 물려준 헛된 행실에서 대속함을 받은 것은 은이나 금 같이 없어질 것으로 된 것이 아니요 오직 흠 없고 점 없는 어린 양 같은 그리스도의 보배로운 피로 된 것이니라"(벧전 1:18-19)고 말한다. 사도 바울 역시 한 곳에서 하나님께서 속죄제물로 삼은 예수 그리스도를 믿음으로 그분의 피에 의해 우리가 속량을 받는다고 말하고(롬 3:24-26), 다른 많은 곳에서 우리가 그리스도의 죽음으로 구속함을 받는다고 설명한다.

그리스도께서 이루신 일을 묘사하는 데 이런 대속 혹은 구속의 개념이 어느 면에서 아주 적절한 이유는, 그분이 우리를 노예상태에서 구출하신 것이 분명하기 때문이다. 우리는 이 책의 앞부분에서 죄가 인류를 도무지 스스로 벗어날 수 없는 속박의 상태에 빠뜨렸다는 것을 살펴보았다. 사람은 실로 노예로 팔려간 존재와 비슷하다. 그는 생명을 박탈당했다. 그의 의지도 더 이상 자유롭지 않다. 그는 저주 아래에 있다(갈 3:13). 그는 무엇이 선인지를 알면서도 선을 행할 수 있는 능력이 없다(롬 7:7-24). 그는 스스로를 해방시킬 수 없는 죄수의 신세다. 그리고 그리스도께서는 사람이 스스로 할 수 없는 일을 이루셨다. 그분의 피를 대가로 치름으로써 사람을 해방시켜 주신 것이다.

그러나 이 대속물의 은유를 지나치게 밀어붙이면 안 된다. 초대교회 당시 이런 질문이 제기되었다. "만일 그리스도께서 자기의 피를 대속의 값으로 지불하고 우리를 구속했다면 그 값은 누구에게 지불한 것인가? 하나님께 지불한 것인가, 아니면 마귀에게 치른 것인가?" 만일 '하나님께' 지불한 것이라고 말하면, 우리는 마치 하나님 아버지를 돈을 받아야 노예를 풀어주는 무자비한 상인처럼 여기며 예수와 대립된 위치에 놓게 된다. 그런데 그 대속의 값이 하나님에게서 왔다는 것을 우리는 알고 있다. "하나님이 세상을 이처럼 사랑하사 독생자를 주셨다." 이 점을 인식한 고대의 일부 저자들은 그 값을 사탄에게 치른 것임을 입증하려고 애썼다. 어떤 이들은 심지어 예수는 어부가 사용하는 미끼와 같았다고 가르치기도 했다. 사탄은 예수의 인성에 속아 넘어가서 그분을 삼켰는데, 그 속에 있던 신성이 부지중에 사탄을 낚은 낚싯바늘과 같았다는 것이다. 이런 이론들은 물론 잘못된 것이다. 십자가에 달린 예수는 그 자신을 사탄에게 넘겨주지 않았다. 그와 반대로 그분은 "아버지, 내 영혼을 아버지의 손에 부탁하나이다"라고 말씀했다. 따라서 우리는 대속물의 은유를 사용하되 그 값을 하나님께 혹은 사탄에게 지불했다는 지점까지 밀어붙이면 안 된다.

그렇지만 값은 지불되어야 했다. 예수는 세상의 구원을 위해 자기의 죽음이 필요한 것으로 여겼다. 이에 못 미치는 값으로는 사람이 죄의 속박에서 구출될 수 없었다. 그런데 그리스도의 죽음이 어떻게 우리를 그 속박에서 구출한 것인가? 그분의 죽음은 나의 죄와 무슨 관계가 있는가? 이 질문에 제대로 대답하려면 우리가 믿음을 통하여 그리스도와 연합하는 일에 관해 논하지 않을 수 없다. 하지만 여기서는 일단 "그리스도는 죽음으로 그 자신을 우리의 자리에 앉히셨다"고 말하는 것으로 충분하리라. 죄의 최종적인 결말은 죽음이다. 죽음은 사도 바울의 말대로 죄의 삯이다. 그것은 죄가 거두는 마지막 수확이다. 우리가 경험하는 모든 속박, 우리가 옳은 것인 줄 알면서도 그것을 행할 수 없는 무능함은 죽음이라는 실재에서 절

구원자의 사역

정에 도달한다. 우리가 다른 모든 적을 이길지 몰라도 결국에는 죽음이 우리를 이긴다. 이것은, 말하자면 우리가 생명의 유산을 버렸다는 사실을 보여주는 외적 징표다. 우리는 비록 영원한 하나님의 형상으로 창조되었지만 죄로 인하여 죽음에 종속되었다. 예수께서 행하신 일은 자신을 우리와 함께, 우리를 위해, 그리고 우리 중의 하나로 이 동일한 속박 아래에 두신 것이다. 그분은 죄로 오염된 우리의 본성을 스스로 취했을 뿐 아니라 죄가 만들어낸 조건 아래서 인생을 살기도 했다. 뿐만 아니라, 우리와 함께 끝까지 가서 죄의 값인 그 죽음을 죽고 다시 살아났다. 바로 이 사실에 의해 우리의 모든 상황이 변하게 되었다. 그분이 자신을 사람들의 죽음 안에서 그들과 하나가 되게 한 것처럼, 사람들로 하여금 그분의 생명 안에서 그분과 하나가 되는 것을 가능하게 만든 것이다. 어떻게 이런 일이 가능한지는 나중에 우리와 그리스도의 연합에 관해 논할 때 다룰 것이다. 여기서 분명한 것은, 만일 그분이 먼저 우리에게 내려와서 죽음에 속박된 우리와 하나가 되지 않았다면, 죄 많은 우리가 그 거룩한 분과 연합하는 일이 불가능하다는 점이다. 그분은 스스로를 속박과 죽음에 내어 주고, 죄의 저주 아래 놓이고, 하나님의 거룩함이 사람의 죄에 내릴 고통과 수치와 죽음의 선고에 온유하게 순복함으로써 우리가 그 선고와 속박에서 구출되는 일을 가능케 하셨다. 실로 그분은 자신의 피로 우리를 구속하신 것이다.

예수의 죽음: 희생제사

앞에서 대속물의 성격을 띤 그리스도의 죽음을 다룰 때 다음과 같은 베드로의 글을 인용한 바 있다. "너희가 알거니와 너희 조상이 물려준 헛된 행실에서 대속함을 받은 것은 은이나 금 같이 없어질 것으로 된 것이 아니요 오직 흠 없고 점 없는 어린양 같은 그리스도의 보배로운 피로 된 것이니라"(벧전 1:18-19). 이 단락에서 저자는 예수의 죽음을 대속물뿐 아니라 희생제물로도 여기는 것이 분명하다. 그는 지금 유대의 법에 따라 예루살렘 성전에서 날마다 희생되는 어린 양들을 생각하고 있는 중이다. 이와 비슷하게, 예수께서 친히 자기의 목적은 "자기 목숨을 많은 사람의 대속물로 주려"는 것이라고 말씀했을 때, 그것은 이사야 53장 10-12절의 말씀, 곧 주님의 종이 장차 속죄제물, 곧 희생제물이 될 것임을 말하는 대목의 반복이다. 또한 우리 주님이 최후의 만찬에서 사용한 단어로 보건대 자신의 죽음을 희생제물로 간주하고 있었다는 것도 이미 살펴보았다. 예수는 단 한 번에 죄인들과 동일시되는 세례를 받을 때 성령이 비둘기같이 자기에게 내려오는 것을 보았다(막 1:9-11). 비둘기는 당시 가난한 사람의 희생제물이었다. 그리고 요한복음에 따르면, 그분은 이미 살아 있을 동안에도 "세상 죄를 지고 가는 하나님의 어린양"으로, 곧 희생제사용 어린양으로 인식되었다. 이 희생제물의 개념은 예수의 죽음을 이해하는 데 아주 유익한 실마리 중의 하나임이 틀림없다. 그런데 우리가 이 실마리를 따라가려면, 희생제물이라는 단어가 오늘날 무슨 뜻을 갖고 있는지가 아니라 예수 시대 유대인에게 어떤 의미를 지녔는지를 물어야 한다. 이 질문에 답하려면 구약성경을 살펴봐야 한다.

여기서 레위기를 비롯한 여러 책에 담겨 있는 구약성경의 제사법을 자세히 설명할 수는 없지만, 두 가지 근본 원칙을 언급하기만 해도 충분할 것이다. 첫째, 제사는 하나님이 정한 것이다. 그것은 하나님이 그분의 백성과 맺는 언약의 일부다. 제사제도는 사람들이 창안한 것이 아니라 하나님이 제공한 것이라는 뜻이다. 이는 굉장히 중요한 점이다. 사람은 하나님을 달래지도 않고 또 달랠 수도 없다. 구약성경에는 '화해를 도모하다'라는 뜻을 가진 동사가 자주 나오지만, '하나님'을 대상으로 삼는 경우는 단 하나도 없다. 이스라엘 주변에 있던 나라들의 경우에는 사람이 희생제물과 선물로 신을 달랠 수 있다는 사상이 널리 퍼져 있었다. 그러나 이런 사상이 구약성경에서는 완전히 배제되어 있다. 모든 제사제도는 하나님이 제공한 것으로서 사람이 하나님께 다가가는 방편으로 주어진 것이다. 그것은 하나님의 은혜로운 언약의 일부다. 이 제도는 사람이 하나님의 진노를 달랠 필요가 있어서 생긴 것이 아니라 하나님의 사랑에서 나오는 것이다. 둘째, 이와 동시에 율법이 규정한 제사는 사람들이 하나님께 바치도록 되어 있고, 그 목적은 '속죄를 하는 것' 혹은 '화해를 하는 것'이다. 이는 죄 많은 사람이 거룩한 분에게 나아가려면 반드시 충족해야 할 조건이다. 하나님께 반역한 상태에 있는 사람은 마치 친구의 집에 걸어 들어가듯 하나님을 만나러 그분의 집에 걸어 들어가서 자리에 앉을 수 없다. 그것은 불가능한 일이다. 사람이 하나님과 직접 대면하면 사람은 완전히 멸망할 수밖에 없기 때문이다. 그리고 하나님은 사람들에게 죄가 없는 것처럼 행동하지도 않을 것이다. 그분이 우리를 대할 때 가장假裝이란 있을 수 없기 때문이다. 하나님은 거룩한 분이므로 마치 그렇지 않은 것처럼 행동할 수 없다는 말이다. 즉, 사람이 하나님과 교제를 나누려면 그의 죄에 대해 무슨 조치가 취해져야 한다. 그런데 무슨 조치를 취할 수 있을까? 사람으로서는 자기의 죄를 속해 줄 만한 어떤 제물도 찾을 수 없다. 하나님 편에서는 사람의 죄를 얼굴에 묻은 얼룩처럼 간단히 지워 줄 수도 없다. 죄란 사람의 의지가 왜곡된 상태이므로 그 의지의 방향이 바뀔 때에만 그의 죄가 씻어질 수 있기 때문이다. 그러면 죄 많은 사람이 하나님께 가까이 나아올 수 있는 길은 무엇일까?

구약성경의 대답은 하나님께서 한 길을 제공하셨다는 것이다. 바로 제사의 길이다. 사람이 하나님의 보좌 앞에 나아올 때

구원자의 사역

는 한 생명을 바쳐야만 한다. 여기서 꼭 알아야 할 것은, 제물로 바칠 것은 죽은 시체가 아니라 피라야 하는데, 이는 곧 동물의 생명을 의미한다는 점이다. 사람은 죄를 범했기 때문에 결국 죽을 운명이다. 그런데 하나님은 사람에게 예배를 드리러 올 때 그 자신 대신에 한 생명을 가져와서 바치도록 허락하신다. 그러므로 하나님께 이르는 길에는 항상 두 가지 표지판이 있는데, 하나에는 하나님과 사람 사이에 커다란 죄의 간격이 있다고 쓰여 있고, 다른 하나에는 죄의 값은 곧 사망이라고 쓰여 있다. 그 길은 하나님이 제공하신 것이며, 사람이 하나님과 교제를 나누려면 그분이 규정한 제물을 그분께 바쳐야 한다.

그런데 이 모든 것은 표지일 뿐 그것들이 나타내는 내용을 성취할 수 있는 능력은 없다. 염소와 황소의 피가 양심을 깨끗하게 만들 수는 없다. 이는 예언자들이 계속해서 이스라엘에게 상기시켰던 사실이다. 하나님이 원하시는 것은 동물의 피가 아니라 사람의 생명, 곧 그의 마음과 영혼과 몸, 사랑과 순종이다. 그러나 죄의 덫에 걸린 사람은 그런 것을 바칠 수 없다. 사람이 그것을 바쳐야 하지만 도무지 바칠 수 없다면 어떻게 되는가? 하나님이 사람을 위해 줄 수 있을까? 만일 그럴 수 있다면 그 선물은 어떻게 그를 도울 수 있을까?

신약성경의 대답은 하나님이 모리아 산에서 아브라함에게 희생제물을 제공한 것처럼(창 22:1-13) 친히 그것을 제공했다는 것이다. 그 희생제물은 바로 하나님인 동시에 사람인 예수다. 오직 그분을 통하여 완전한 사랑과 순종의 제사가 아버지께 드려졌기 때문에, 그는 세상의 죄를 지고 가는 어린양인 것이다. 이 가르침을 가장 완전한 형태로 제공하는 책은 히브리서다. 10장에서 저자는 유대 율법의 희생제사가 사람을 하나님과 화해시키는 면에서 무력하다는 점(1-4절)과, 하나님이 원하시는 것은 희생제물이 아니라 순종이라는 점(5-9절)을 보여준다. 이어서 죄를 위한 단 한 번의 완전한 제사가 예수의 완전한 순종으로 드려졌다는 것도 보여준다(10-18절). 그리고 동료 신자들에게 이렇게 말하고 있다. "그러므로 형제들아 우리가 예수의 피를 힘입어 성소에 들어갈 담력을 얻었나니 그 길은 우리를 위하여 휘장 가운데로 열어 놓으신 새로운 살 길이요 휘장은 곧 그의 육체니라"(19-20절). 옛날에는 예배하는 자들이 희생제사를 통하여 하나님께 가까이 나아갔다. 죽임을 당한 동물의 생명을 통해 상징적으로 그들의 삶을 바친 것이었다. 이제는 사람들이 단 한 번의 완전한 희생제물인 그리스도를 통하여 하나님께 가까이 나아갈 수 있다. 그런데 지금은 그들이 단지 상징적으로만 자신을 바치는 것이 아니다. 그들은 그리스도와 진실로 하나가 되었기 때문에, 그분 안에서 또 그분을 통하여 아버지께 그들 자신을 바치는 것이다. 우리의 죄 때문에 우리는 하나님이 받으실 만한 제사를 스스로 드릴 수 없으나, 그리스도는 홀로 그렇게 할 수 있다. 그런데 그리스도는 육체 가운데, 곧 사람으로 존재할 때 그렇게 하셨고, 그분의 인성 안에서 우리를 자신과 연합시키기 때문에, 우리는 그분 안에서 또 그분을 통하여 우리 자신을 바칠 수 있다. 이것이 성찬 예식의 부분적인 의미이고, 이런 이유로 우리가 남인도 교회의 전례에서 성찬 예식을 시작할 때 다음과 같은 히브리서의 말씀을 낭독하는 것이다. "아 하나님, 주께서는 당신의 아들 예수 그리스도를 통하여 우리를 위해 당신의 은혜의 보좌 앞에 나아갈 수 있는 새롭고 산 길을 열어 주셨습니다."

그러므로 예수의 죽음은 구약성경의 희생제사가 상징적으로만 제공했던 것을 실제로 제공하고 있는 것이다. 그리스도는 죄 많은 사람들이 거룩한 하나님과 만날 수 있는 바로 그 속죄소다. 자신의 죽음을 통하여 그분은 인간의 생명으로 하나님께 완전한 제사를 드렸고, 죄에 대한 하나님의 의로운 심판에 완전히 순종했으며, 죄로 인한 슬픔의 완전한 제사를 바쳤다. 사람은 자기의 죄 때문에 결코 이것을 할 수 없다. 그러나 그리스도께서 이 일을 이루셨기 때문에 하나님의 사랑이 그분의 거룩함의 위엄을 훼손하지 않으면서 사람들과 만날 수 있는 장소가 생긴 것이다. 이제는 하나님의 심판과 하나님의 자비가 함께 알려질 수 있는 장소가 있다. 그리고 그 심판과 자비를 고백하는 죄 많은 인간도 자기를 바칠 수 있게 되었다. 그리스도 안에서 또 그리스도를 통하여, 그는 그리스도를 떠나서는 할 수 없는 그 일을 할 수 있게 된 셈이다. 그의 몸과 영혼, 곧 그 자신을 하나님께 드릴 수 있다. 그러므로 예수는 상징적으로가 아니라 실제로 세상의 죄를 지고 가는 어린양이라고 할 수 있다. 죄의 뿌리는 사람의 하나님께 대한 불신이기 때문이다. 그리스도의 죽음으로 그 불신은 겸손하고 순종적인 믿음으로 대치된다.

예수의 죽음: 승리

특히 제4복음서를 중심으로 성경의 여러 단락은, 예수가 자신의 죽음을 악의 세력과의 거대한 싸움의 절정으로 바라보았다는 것을 보여준다. 사역의 초기에 그분은 자신의 사역을 이런 견지에서 설명했다. 그분은 치유의 기적을 일으킨 뒤에 사람들의 도전을 받자 이렇게 응수했다. "내가 만일 하나님의 손을 힘입어 귀신을 쫓아낸다면 하나님의 나라가 이미 너희에게 임하였느니라." 이어서 자신을, 이 세상의 군주를 이기고 그의 물건을 노략할 만큼 힘센 성공적인 강도에 비유했다(눅 11:20-22). 그리고 제4복음서에서는 자신의 죽음을 이 세상의 통치자를 쫓아내는 사건으로 설명하고 있다(요 12:31). 사도 바울이 골로새 교인에게 쓴 편지는, 십자가를 그리스도께서 공공연하게 악의 세력을 누르고 그들을 구경거리로 만든 위대한 승리로 묘사했다(골 2:15). 그리고 요한일서에서는 그리스도가 오신 목적이

"마귀의 일을 멸하려 하심"(요일 3:8)이라고 말하는데, 이는 그분이 친히 하신 "사탄이 하늘로부터 번개 같이 떨어지는 것을"(눅 10:18) 보았다는 말씀을 상기시켜 준다. 예수의 사역이 시작될 때 광야에서 사십 일 동안 어려운 시험을 받는 것 같은 엄청난 싸움이 있었다는 것을 기억하면, 이런 싸움과 승리의 어휘가 어떻게 해서 그분 자신과 제자들의 말에서 그토록 중요한 자리를 차지하게 되었는지를 충분히 이해할 수 있다.

그분이 광야에서 받은 시험들을 단서로 삼으면 십자가의 승리를 가장 잘 이해할 수 있을 것이다. 그 시험을 받을 때 그분은 하나님의 나라를 섬기기 위해 하나님의 방법이 아닌 다른 방법을 사용하라는 유혹을 받았다. 사람들의 굶주림, 기적을 좋아하는 마음, 혹은 정치질서에 대한 욕구를 이용하여 성공을 구가하라는 유혹을 받았다. 이 모든 유혹을 거부하고 그분은 세상을 직면하되, 지상의 모든 무기에 관해서는 완전히 무장을 해제하고 오로지 하나님의 사랑으로만 무장한 채 나아갔다. 이런 결단이 그분을 십자가로 이끌었다. 이는 그분이 사람들의 모든 미움과 질투와 두려움이 온통 자신의 마음에 쏟아지도록 허용해야 했다는 것을 의미한다. 그 길을 버리라는 유혹을 그분이 받았다는 것을 우리는 알고 있다. 베드로가 그분을 위하는 것처럼 예수께 십자가를 피하도록 설득하려고 했을 때, 그분은 그것이 자기를 시험했던 사탄의 목소리임을 알아채고 즉시 돌아서서

"사탄아 내 뒤로 물러가라"(막 8:33)고 소리쳤다. 그분이 스스로 "예루살렘을 향하여 올라가기로 굳게 결심"(눅 9:51)하셨을 때, 그분의 내면에 격렬한 갈등이 일어나고 있었음이 분명하다. 이 갈등은 마침내 겟세마네 동산에서 절정에 도달했다. 우리로서는 그 동산에서 몇 시간을 기도하는 동안 그분이 과연 무엇을 참고 견뎠는지를 완전히 이해할 수 없다. 그 갈등이 얼마나 심했던지, 우리 믿음의 창시자이자 종결자인 그분조차 무릎을 꿇고 고뇌에 차서 기도할 때 땀이 핏방울이 되어서 떨어질 정도였다. 그 모든 지옥의 권세들이 그분의 목적의식을 흔들어 놓으려고 그분에게 달려들었던 것이다. 사탄과 그의 수하들이 세상에 풀어놓았던 모든 악함과 미움과 반역이 온통 예수의 머리 주위로 몰려들었다. 그러나 그 어떤 것도 아버지의 뜻을 행하겠다는 그분의 단호한 결단을 흔들 수 없었다. 설령 그것이 외견상의 완전한 패배, 사랑하는 제자들의 흩어짐, 모든 유대인이 저주받은 것으로 여기는 부끄러운 죽음을 의미할지라도 그분은 결코 흔들리지 않았다. 예수께서 십자가 위에서 버림받는 고통을 견뎌 냈을 때, 고뇌와 수치를 모두 견디고 하나님마저 자신을 버렸다는 느낌까지 견뎌 냈을 때, 최후의 순간에는 "다 이루었다"고 외칠 수 있었다. 그리고 자기가 승리를 거둔 것을 아는 상태로 자신의 영혼을 아버지께 맡겼다. 우리가 공동의 죄책과 유혹에 관해 이야기할 때, 인간의 모든 악의 배후에 초

인간적인 악의 조직, 인간의 모든 궁리 너머에 있는 사악한 전략이 존재한다는 사실을 상기했다. 세상에는 사탄이 찬탈한 권세가 존재한다. 죄로 인해 사람은 사탄의 권세 아래 떨어져 스스로를 자유롭게 만들 능력이 없다. 그러나 그리스도는 죽기까지 순종함으로써 그 악의 권세를 결정적으로 깨뜨리셨다. 사탄의 권세는 그날 패배를 당하여 다시는 회복할 수 없는 지경에 빠졌다. 그날 이후 그 권세의 잔류병들이 아주 인상적으로 보일지라도 그리스도 안에 있는 사람들은 그 권세가 이미 깨졌다는 것을 알고 있다. 신자의 입술과 마음에 있는 예수의 이름은 사탄의 권세를 내쫓기에 충분한 힘을 갖고 있다. 우리는 어떻게 해서 그 승리를 얻게 되었는지 완전히 알 수 없지만 교회의 생명은 바로 그 승리의 힘 안에 있다. 예수께서 죽은 상태에서 부활하여 흩어진 제자들을 다시 모았을 때 "하늘과 땅의 모든 권세를 내게 주셨으니"(마 28:18)라고 말씀하셨다. 이것이 바로 세상을 향한 기독교 선교의 토대다. 하나님의 백성이 온 세상으로 나가서 사탄의 나라를 쳐부수고 하나님의 나라를 선포하는 능력은, 바로 그리스도가 완수한 승리로부터 나오는 것이다.

예수의 부활과 승천

이제까지 예수의 죽음에 관해 말한 모든 내용은 부활에 비추어 볼 때에만 말할 수 있는 것이다. 만일 예수의 몸이 무덤에 남아서 다른 보통 인간의 시체와 같이 썩어 버렸다면, 제자들은 결코 예루살렘으로 돌아가지 않았을 터이고 오순절 사건과 기독교의 복음 전파, 그리고 기독교 신앙도 존재하지 않았을 것이다. 예수는 그저 또 한 명의 순교자에 불과했을 것이다. 그러나 부활로 인해 우리는 예수가 그 이상의 인물이라는 것을 안다. 그분은 거룩한 분이기 때문에 "사망에 매여 있을 수 없었던"(행 2:24) 것이다. 텅 빈 무덤의 증거로 인해, 그리고 더 나아가 그분이 부활하여 자신들과 함께했던 경험으로 말미암아 제자들은 그분의 죽음이 패배가 아니라 승리라는 것을 알게 되었다. 그분은 그들과 사십 일을 보내는 동안 자신의 죽음이 지닌 의미를 해석해 주었다(눅 24:25-27). 그리하여 그분이 살아 있고 승리를 거두었다는 것, 모든 권세가 그분에게 주어졌다는 것, 그들이 온 세상으로 나가서 그분의 승리를 전파해야 한다는 것을 알게 된 것이다.

이 사십 일의 기간이 끝난 뒤에 우리가 승천이라고 부르는 사건, 곧 그분의 가시적인 현존이 그들로부터 사라지는 일이 일어났다. 그들은 지금까지는 그분이 부활한 후에도 여느 사람을 알듯이 오감으로 그분을 알았었다. 이런 상황이 지속되는 동안에는, 그분은 같은 장소와 시간대에 속한 소수의 가까운 친구들에게만 알려질 수 있을 뿐이었다. 그분이 온 세상의 구원자가 되는 소명을 성취하려면 오감이 닿을 수 있는 범위에서 물러나서 성령을 통해 알려지는 일이 필요했다. 때문에 그분은 제자들에게 자신의 삶과 죽음의 뜻과 목적에 관해 알려 주어야 할 것을 모두 알려 준 뒤에 그들의 촉각과 시각에서 사라지면서, 장차 성령의 선물이 주어지면 그들이 세계의 끝까지, 땅의 가장 먼 곳까지 이르러 그분의 증인이 될 수 있는 능력을 얻게 될 것이라고 약속한 것이다.

그러므로 구원자의 지상 사역이 모두 완수되었다고 말해도 무방하다. 그러나 다른 의미에서는, 구원은 그리스도께서 구하려고 했던 사람들의 경험으로 완성되기까지는 아직 완성되지 않았다고 말해야 할 것이다. 우리는 그분이 우리를 위해 이루신 일이 어떻게 우리의 소유가 되는지를 보기 전에는 그리스도의 사역을 온전히 이해할 수 없다. 이에 관한 논의를 다음 장에서 다루고자 한다.

6. 우리는 어떻게 구원을 받는가?

교회

앞 장에서 우리는 예수께서 사람들을 위해 이루신 일을 살펴보았다. 그분은 그들을 위해 그들 스스로는 할 수 없는 일을 행하셨다. 악의 세력을 이기고, 세상의 죄를 위해 완전한 희생제사를 드리고, 사람들의 영혼을 구속할 수 있는 유일한 대속의 값을 지불하셨다. 그분은 스스로 죄 많은 사람들과 완전히 하나가 되고, 그들이 도무지 드릴 수 없는 회개와 순종을 대신 드리며, 사람들을 위해 그들의 죄에 대한 하나님의 형벌을 참고 견디셨다. 하지만 우리가 대답해야 할 질문이 여전히 남아 있다. 이 모든 이야기가 나와 무슨 상관이 있는가? 이천 년 전 팔레스타인 땅에서 이루어진 그리스도의 사역과 오늘 나의 죄 사이에는 무슨 연관성이 있는가? 이제는 이 질문에 답할 차례가 되었다.

과거의 기록을 고찰해 볼 때 놀라운 점은, 예수의 이야기가 우리에게까지 전해진 것이 그들의 삶이 예수와 너무도 긴밀하게 묶여 있어서 그분의 삶의 연장이라고 말해도 좋을 만한 한 무리의 남녀를 통해 이루어진 일이라는 것이다. 그들은 스스로를 "그리스도 안에 있는" 존재(이는 바울이 자주 사용한 문구다), "그리스도의 몸", "그리스도와 함께 참여한 자"(히 3:14)라고 묘사했다. 그들은 예수를 "우리 생명이신 그리스도"(골 3:4)라고 부르고, "너희 안에 계신 그리스도시니, 곧 영광의 소망"(골 1:27)이라고 말하곤 한다. 그들 중의 하나는 "이제는 내가 사는 것이 아니요, 오직 내 안에 그리스도께서 사시는 것이라"(갈 2:20)고까지 말한다. 그들은 자기네가 속한 사귐의 공동체가 참으로 그리스도의 인격의 연장인 듯이 말하고, 따라서 자신들이 그분에게서 분리되어 있지 않고 그분이 그들 안에 또 그들이 그분 안에 있어서 그분의 일부인 듯이 여긴다.

그렇기 때문에 그들은 그리스도의 죽음과 부활에 관해 이야기할 때 그 사건을 그들 바깥에서 일어난 일, 그들이 그저 소문만 들은 먼 사건처럼 이야기하지 않는다. 오히려 그들 자신이 참여한 사건처럼 이야기한다. "내가 그리스도와 함께 십자가에 못 박혔다"(갈 2:20). "그리스도 예수와 합하여 세례를 받은 우리는 그의 죽으심과 합하여 세례를"(롬 6:3) 받았다. "너희가 그리스도와 함께 다시 살리심을"(골 3:1) 받았다. 하나님께서 "함께 일으키사 그리스도 예수 안에서 함께 하늘에"(엡 2:6) 앉히셨다. 그런데 우리는 이 저자의 언어를 설명할 필요가 있다.

그것은 분명히 이런 뜻이다. 이런 글을 쓴 사람들은 그리스도와 너무도 긴밀하게 묶여 있어서 그분이 이루신 일이 곧 그들의 것이 된 나머지, 그들이 하나님 앞에 나아올 때 마치 그리스도의 모습으로 나아오는 것처럼 느낀 것이다. 즉, 그리스도의 이름이자 그분의 일부로 나아온 것이다. 그들은 그분의 것이고 그분은 그들의 것이다. 그들의 의는 그들의 것이 아니라 그분의 것이고(빌 3:9), 그들의 지혜와 그들의 거룩함도 마찬가지다(고전 1:30). 그들이 가진 모든 것은 그분의 것이고 그들의 존재 자체가 "그리스도 안에" 있다.

그러므로 "그리스도께서 사람들을 위해 이루신 일이 어떻게 나의 것이 되는가?"라는 질문에 대해 먼저 다음과 같이 간단하게 대답할 수 있겠다. "내가 이 공동체의 일원이 될 때, 곧 그리스도께서 이 땅에 그분의 삶의 연장으로 남겨 두신 이 사귐에 참여할 때 그분이 이루신 일이 내 것이 된다." 이렇게 말하면 당연히 또 다른 질문이 제기된다. 그러면 어떻게 이 공동체의 일원이 될 수 있는가? 그것은 단지 하나의 조직에 가입하는 문제인가? 교회에서 외적인 회원 자격만 갖고 있으면 나의 구원이 보장되는 것인가? 만일 그렇다면 이것은 그리스도의 죽음과 무슨 관계가 있는가? 이제 이 공동체에 대해 좀 더 상세히 살펴볼 필요가 있다.

우리는 어떻게 구원을 받는가

교회의 특징: 말씀, 성찬, 교제, 기도

신약성경의 기록을 통해 이 사귐의 공동체가 지닌 외적인 특징을 살펴보면 다음과 같은 것이 눈에 띈다. 이 특징은 최초의 교인들의 모습을 묘사하고 있는 사도행전의 앞부분에 간단하게 요약되어 있다. "그들이 사도의 가르침을 받아 서로 교제하고 떡을 떼며 오로지 기도하기를 힘쓰니라"(2:42).

첫째 특징은 사도의 가르침이다. 그 가르침의 내용은 우리가 신약성경 전체에서 알 수 있는 것이다. 그 내용은 예수가 누구였는지, 그분이 무슨 일을 하셨는지, 장차 무슨 일을 하실 것인지에 관한 선언이었다. 이 선언은 종종 '말씀the Word'으로 불리곤 했는데, 이유는 이 메시지가 창조의 날에 하나님의 말씀이 지녔던 것과 같은 창조의 능력을 갖고 있었기 때문이다(창 1:1-3). 모인 사람들의 귀에 끊임없이 울려 퍼졌던 강력한 말씀은 그들의 마음속에 예수께서 행했던 기적들이 생생하게 되살아나게 했고, 그런 행위의 능력이 그들에게 다시 새롭게 와 닿게 했다. 사도들의 이 메시지는 그들이 영위한 공동생활의 토대가 되었다.

둘째 특징은 떡을 떼는 일(성찬)이었다. 메시지만으로는 충분하지 않다는 것을 알았던 예수는 제자들에게 간단한 의식을 제공했다. 그분은 수난을 당하던 날 밤, 떡과 포도주를 들고 제자들과 함께 나누면서 이런 말씀을 하셨다. "이것은 내 몸이다." "이 잔은 내 피로 세운 새 언약이다." 이어서 그들에게 그 의식을 행하여 그분을 기억하라고 말씀하셨다. 그분은 그들이 그분의 수난을 단순히 구경하는 방관자가 되지 않고 (그분의 부활 이후) 그 속에 영입되어 거기에 참여하는 자들이 되기를 바랐다. 오직 그분 홀로 그들을 위한 완전한 제물을 드릴 수 있었지만, 그분을 통하여 그들 역시 아버지께 완전한 회개와 순종으로 그들 자신을 드릴 수 있게 되었다. 이 간단한 성찬은 그들이 그런 헌신을 하도록 하는 표시이자 수단의 성격을 갖고 있었다. 사도 바울의 말을 빌리면, 그것은 '그리스도의 몸과 피에 참여하는 일'이었다(고전 10:16). 그리고 그분은 그들과의 사귐을 계속 강화하기 위해 이 성찬을 제공했듯이, 그들이 자신과 동일시되어 죽음과 부활에 동참하는 표시이자 수단이며 보증으로서 세례를 주기도 했다. 그분이 죄에 대한 회개의 세례를 받을 때 그 자신을 사람들과 동일시하고 또 십자가를 수용했던 것처럼, 그분을 믿는 사람들에게 단지 정결케 되는 표시가 아니라 죽음과 부활에 동참하여 그분과 연합하는 징표와 수단으로 세례를 받으라고 초대했다.

셋째 특징은 사귐(교제)이었다. 말씀과 성례뿐 아니라 각 사람이 언제나 다른 사람을 사랑으로 세워 주는 새로운 종류의 사귐을 통하여, 예수는 이 땅에서 사람들을 하나님과 화해시키는 사역을 계속하고 있었다. 그분이 이 땅에 계실 때 행사했던

우리는 어떻게 구원을 받는가

죄 사함의 권세가 이제는 그분과 그분의 속죄 사역을 중심으로 하는 공동체의 생활을 통하여 행사되었다. 그리스도의 죽음으로 말미암아 이미 죄가 심판받고 용서받았기 때문에, 이제는 죄를 변명하거나 독선적으로 정죄하지 않고 서로 용서할 수 있는 사귐의 공동체가 존재할 수 있게 되었다.

넷째 특징은 기도였다. 대제사장이신 예수께서 우리를 대표하여 지성소에 들어가셨고, 그분이 늘 살아 계셔서 우리를 위해 중보하고 계신다는 것을 알기에 담대하게 기도할 수 있다. 이런 기도는 예수께서 이루시고 약속하신 것에 기반을 두고 있다. 이는 자신을 제물로 바친 그분에 대해 믿음의 공동체가 보이는 반응이다.

이 네 가지 특징은 사귐의 공동체를 그리스도 및 그분의 사역과 묶어 주는 네 개의 연결고리이며, 이를 통해 그분은 공동체를 새롭게 하며 새로운 방향으로 이끌어 준다. 이렇게 설명은 했지만 아직 우리는 문제의 핵심에 도달하지 못했다. 설교는 그저 헛된 말이 될 수 있고, 성례는 공허한 상징이나 이교적인 마술로 왜곡될 여지가 있으며, 교제는 단순한 친교활동이나 알맹이 없는 모임으로 전락할 수 있고, 기도는 생명력 없는 주문으로 변질될 수 있다. 이런 것들 자체는 우리가 그리스도 안에 참여하도록 보장하는 것이 아니다. 그것들은 육(肉)이고, 영이 없는 육은 죽은 것이다. "살리는 것은 영"(요 6:63)이다. 신자와 그리스도를 연합시키는 것은 영의 사역, 곧 그리스도께서 그분의 백성에게 주신 이 가시적인 수단들을 활발하게 사용하는 성령의 사역이다.

성령의 사역

구약성경 시대에는 특별한 필요나 시기를 위해 성령의 특별한 선물을 받은 사람들이 등장한다. 그런데 모든 사람에게 하나님의 영이 부어지는 일은 '마지막 날'이 되기 전에는 기대할 수 없는 것이었다(욜 2:28). 오직 사랑하는 아들, 곧 예수 안에서만 성령은 충만하고 지속적으로 거주할 수 있었다. 예수는 사역을 하는 동안에는 성령에 대해 많은 말을 하지 않았다. 그 이유를 사도 요한은 이렇게 말한다. "예수께서 아직 영광을 받지 않으셨으므로 성령이 아직 그들에게 계시지 아니하시더라"(요 7:39). 성령이 주어지는 일은 예수께서 구속 사역을 완수했을 때, 대속의 값을 지불했을 때, 곧 죄 많은 사람들이 거룩한 하나님께 가까이 나아올 수 있도록 희생제물을 바쳤을 때에야 가능했다. 예수께서 이 일을 이루기까지는 하나님과 사람 사이의 연합이 없었고, 따라서 사람이 하나님의 영에 참여하는 일도 불가능했다.

　신약성경의 기록에 따르면, 예수께서 지상 사역을 모두 완수하고, 제자들에게 그분의 부활에 관한 진리와 그분의 죽음의

우리는 어떻게 구원을 받는가

의미를 납득시키고, 그들의 시각과 촉각에서 사라진 후, 그들이 모여서 짧은 기간 동안 열심히 기도한 뒤에야 성령이 그들에게 주어졌다. 오순절 이후로 예수 안에 있던 그 성령이 그들 안에도 있게 되었다. 이 성령의 능력에 힘입어 그들은 예수께서 행했던 것과 동일한 기적을 행하고, 담대하게 하나님 나라의 복음을 전파할 수 있었다. 더 나아가, 그들은 모두 한 성령에 참여하는 자들이었기 때문에 한 몸의 지체들처럼 연결되어 있었다. 그들은 공동생활을 영위했고 성령을 공동으로 나누어 가졌다. 그들은 그리스도의 몸의 지체들로서 "그리스도 안에" 있었던 셈이다.

신자들을 그리스도와 연합시키고 그들로 그분이 이루신 일에 참여하게 하는 것이 바로 초자연적인 성령의 선물이다. 우리가 이렇게 말하기는 했지만 아직도 이 주제를 완전히 설명한 것은 아니다. 그것은 우리가 이 주제를 외부로부터 다루었기 때문이다. 우리는 이제까지 그저 관찰자의 관점에서 신약성경의 사도들과 초기 그리스도인들을 살펴보았다. 하지만 이런 것은 내부로부터 고찰하지 않는 한 제대로 이해할 수 없는 법이다. 그렇게 하기 위해서는 믿음에 관해 이야기하지 않을 수 없다. 가령, 우리가 "우리를 그리스도와 연합시키고 그분이 이루신 일에 참여하게 만드는 것은 무엇인가?"라고 묻는다면 다음 두 가지로 대답할 수 있다. 먼저 하나님 편에서는 "우리를 그리스도와 연합시키는 분은 바로 성령이다", 그리고 사람 편에서는 "우리를 그리스도와 연합시키는 것은 바로 믿음이다." 그러면 믿음이란 무엇인가?

믿음

앞 장에서 우리는 그리스도 예수께서 십자가에 못 박혔을 때 무슨 일이 일어났는지를 이해하려고 노력했다. 그것을 이해한다면 우리에게는 무슨 일이 일어날까? 먼저 우리의 죄가 얼마나 엄청난지를 깨닫고, 우리를 비롯한 온 인류가 하나님께 대한 반역죄의 판결을 받았음을 알게 된다. 그리스도를 떠나서는 우리 죄가 지닌 모든 측면을 다 이해할 수 없다. 우리는 스스로 변명을 하고, 우리를 남들과 비교하고, 우리가 완벽하지는 않지만 이런저런 사람들보다 나은 것처럼 우쭐해 한다. 그러나 우리가 십자가 앞에 서면 우리 죄의 상태와 그 때문에 하나님이 치른 대가를 보게 된다.

둘째로, 십자가에서 우리는 하나님의 사랑이 무한히 깊다는 것을 깨닫게 된다. 우리는 하나님께 죄를 지었다. 하나님은 거룩하시므로 죄를 벌하시고 악의 공격을 저지하신다. 죄의 대가를 사망으로 정한 것도 하나님이다. 그러나 우리 같은 죄인을 사랑하기 때문에 이 땅에 내려오셔서, 스스로 죄의 짐을 지고 죄의 값을 치르고 무서운 죄의 형벌을 받으셨다. 그분이 이

139

우리는 어떻게 구원을 받는가

룬 속죄 사역의 절정은 다음과 같은 말로 표현되었다. "나의 하나님, 나의 하나님, 어찌하여 나를 버리셨나이까?" 거기에서 우리는 하나님의 거룩한 분이 사람을 위해 하나님께 버림받는 모습을 본다. 그분이 자신을 죄 많은 사람들과 완전히 동일시하는 순간, 두 명의 죄수들 사이에 부끄러운 죄수로서 죽임을 당하며 그 영혼 속에서 죄인과 하나님을 갈라놓는 무서운 간격을 느끼는 순간, 그분은 우리 편에 서서 범죄자의 하나로 여겨지며, 그 어떤 죄인도 견딜 수 없는 하나님과 분리되는 격심한 고통을 참고 견디었다.

우리가 이런 것을 보고 이해할 때 하나님의 심판과 하나님의 자비를 모두 깨달을 수 있다. 우리는 굴욕을 당하는 동시에 일으킴을 받고 또 위로도 받는다. 우리의 끔찍한 죄가 하나님의 자애로운 마음에 상처를 주는 것을 알게 될 때는 이렇게 부르짖는다. "아, 나는 하나님에게 얼마나 혐오스러운 존재인가! 나는 분명히 죽어야 마땅한 존재다." 그리고 동시에 예수가 일부러 우리 편에 서서, 우리를 위해 그 모든 짐을 짊어지고 우리보다 차라리 하나님으로부터 분리되고자 하는 모습을 볼 때 우리는 놀라서 이렇게 외친다. "아, 나는 하나님께 얼마나 소중한 존재인지 모른다! 나를 위해 이런 일까지 행하신 그분은 결코 나를 버리시지 않을 것이다." 그리스도의 죽음으로 말미암아 우리는 이런 이중적인 고백을 하지 않을 수 없다. 내가 그리스도를 나의 구원자로 받아들이기로 한 결정은 결코 내 의지에 따른 것이 아니다. 오히려 그리스도께서 이런 엄청난 심판과 자비로 나를 붙잡아 주셨기 때문에 나는 부끄러움과 함께 감사로 이렇게 부르짖지 않을 수 없는 것이다. "주님, 나는 죽어야 마땅한 반역자입니다. 주님, 그대가 나를 위해 돌아가셨으니 나는 영원히 그대의 것입니다." 그러므로 이 믿음은 전적으로 하나님이 나를 위해 먼저 이루신 일의 결과이며, 내 의지가 먼저 행동한 것이 아니다. 하나님의 영광을 구하기보다 언제나 자기의 유익을 구하는 그 타락한 의지가 낳은 것이 아니다. 말하자면, 그것은 그리스도의 놀라운 사역으로 인해 내 마음속에서 우러나오는 '아멘'이라고 할 수 있다. 그것은 내 의지를 자유하게 할 수 있는 유일한 분에게 내 의지를 굴복하는 일이다.

이 굴복, 이 '아멘'이 바로 믿음이다. 그리고 이것은 성령의 사역이다. 우리는 이 둘을 분리할 수 없다. 하나님 편에서 보면 그것은 성령이 하시는 일이며, 내 편에서 보면 그것은 믿음이다. 하지만 믿음 그 자체는 내가 독자적으로 할 수 있는 일이 아니라 내 마음속에서 성령이 하시는 일이다. 오직 하나님만이 나의 고집스럽고 반역적인 의지를 굴복시킬 수 있는 능력을 갖고 있다. 그러므로 믿음은 성령의 사역이다. 그러나 동시에 우리가 성령을 받는 일은 그리스도의 사역에 대한 믿음을 통해서 이루어진다고 말해야 마땅하다. 이는 그리스도의 십자가가 우

우리는 어떻게 구원을 받는가

리의 자기 충족성을 깨뜨리고, 우리의 오만한 콧대를 꺾고, 그분의 사랑으로 우리를 먼지더미에서 다시 일으켰을 때 일어난다. 이런 일이 이루어졌을 때에만 하나님의 영이 우리의 영혼 속으로 흘러 들어와서 우리를 지배할 수 있는 것이다. 반면 요새의 성벽과 같은 독선이 버티고 서 있는 동안에는 하나님의 성령이 결코 흘러 들어올 수 없다.

그러므로 우리는 언제나 이 두 가지, 곧 믿음과 성령을 함께 생각하되 십자가 위에서 이룬 그리스도의 사역에 비추어 생각해야 한다. 성령은 그리스도께서 우리를 위해 이루신 일을 깨닫게 하여 우리 마음속에 반응을 불러일으키는데, 그 반응이 바로 믿음이다. 이는 하나님의 심판과 하나님의 자비에 대한 우리 영혼의 아멘인 것이다. 이런 겸손한 반응은 우리의 영혼을 잘 준비시켜서, 생명을 주는 성령의 물결이 흘러 들어와 온 영혼을 사로잡을 수 있도록 해준다. 성령은 믿음을 창조하고 믿음은 성령을 영접한다. 그런데 이 모든 것은 그리스도께서 골고다에서 성취한 일을 통해서만 이루어진다. 성령이 우리 마음에 그리스도께서 우리를 위해 이룬 일을 깨닫게 할 때는 설교, 세례와 성찬, 그 백성들의 사귐, 그들이 그분의 이름으로 드리는 기도 등을 매개체로 사용하신다.

이런 튼튼한 여러 갈래의 끈으로, 그리스도는 우리를 그분 자신과 연합시키고 우리를 그분이 행한 일에 참여하게 한다.

각각의 끈은 다른 끈들에 직접 연결되어 있다. 그리스도에 대한 믿음은 그리스도의 죽음의 실재가 말씀과 성례를 통해 성령의 능력으로 우리 마음에 절실히 와 닿을 때 우리 속에 생겨난다. 오순절로부터 그리스도의 재림의 날까지 이어지는 하나님의 백성의 교제는 사도들의 가르침과 교제와 성찬과 기도에 의해 생명력을 유지하지만, 이 모두는 생명을 주는 성령의 사역에 의존해 있고 믿음을 통해 우리를 그리스도와 연합시키는 수단이 된다. 이런 지속적인 교제와 다양한 은혜의 수단들을 통해 일하시는 성령은, 믿음을 창조하는 동시에 믿음을 통해 알려지고 또 영접된다. 그러므로 믿음에 의해, 교회 안에서, 그리고 성령 안에서 우리는 그리스도에 참여하는 자가 된다.

중생: 다시 태어나는 것

십자가의 의미를 깨달을 때 일어나는 일을 설명하기 위해, 우리는 보통 '부수는 것과 세우는 것', '죽는 것과 사는 것' 같은 용어를 사용해 왔다. 십자가는 인간의 죄에 내린 하나님의 사형선고인 동시에 새로운 생명의 선물이기도 하다. 그래서 십자가 앞에 서는 사람은 바울과 같이 이런 고백을 하지 않을 수 없다. "내가 그리스도와 함께 십자가에 못 박혔나니 그런즉 이제는 내가 사는 것이 아니요 오직 내 안에 그리스도께서 사시는 것이라"(갈 2:20). 십자가는 바로 사람들이 죽었다가 다시 살아

나는 장소다.

신약성경의 여러 곳에서는 이 놀라운 경험을 '다시 태어나다(거듭나다)'라는 말로 묘사하고 있다. 그래서 베드로는 그리스도인들을 향해 "너희가 거듭난 것은 썩어질 씨로 된 것이 아니요 썩지 아니할 씨로 된 것이니 살아 있고 항상 있는 하나님의 말씀으로"(벧전 1:23) 되었다고 썼던 것이다. 우리 주님도 니고데모에게 사람이 거듭나지 않으면 하나님의 나라를 볼 수 없다고 말씀하셨고, 사람이 다시금 어린이처럼 되는 일이 필요하다고도 여러 번 이야기하셨다. 예를 들어, 요한복음 1장에는 다음과 같은 아주 중요한 단락이 나온다. "영접하는 자 곧 그 이름을 믿는 자들에게는 하나님의 자녀가 되는 권세를 주셨으니 이는 혈통으로나 육정으로나 사람의 뜻으로 나지 아니하고 오직 하나님께로부터 난 자들이니라"(1:12-13). 니고데모와 나눈 대화에도 이처럼 새로운 출생과 "육으로 난" 출생을 서로 대조시키는 대목이 나온다(3:6). "육으로 난" 출생이란 일반적인 사람의 출생을 말한다. 이는 우리가 2장에서 논의한 죄의 조건 아래서 일반적인 인생이 시작되는 출발점이다. 새로운 출생은 그리스도를 믿는 믿음을 가진 사람 속에서 성령의 사역으로 인해 생기는 새로운 종류의 삶이다. 오직 이 새로운 삶만이 하나님이 원하시는 종류의 열매를 맺을 수 있다. 예수께서 친히 말씀하셨듯이 "좋은 나무가 나쁜 열매를 맺을 수 없고 못된 나무가 아름다운 열매를 맺을 수"(마 7:18) 없다. 우리 속에 새로운 본성이 창조되고 그리스도의 죽음으로 말미암은 새로운 출생을 경험할 때에만 하나님을 기쁘시게 하는 일을 행할 수 있는 것이다. 우리는 이 새로운 출생이 어떻게 일어나는지를 살펴보았다. 교회의 삶과 말씀과 성례와 기도 가운데, 성령의 사역을 통해 그리스도의 죽음을 마음으로 깊이 깨닫고 그분을 믿음으로 영접할 때 내 속에 새로운 마음이 창조된다. 나의 일반적인 인간 본성은 사형선고를 받게 되지만 그 죽음이 끝은 아니다. 왜냐하면 나를 살리려고 그분이 죽었고, 나를 위한 그분의 죽음은 내 속에 새로운 삶, 곧 '그리스도 안에서' 또 '그리스도를 위해' 영위하는 삶을 낳기 때문이다. 바로 이 새로운 출생으로부터 그리스도인의 선행이 나오게 된다. 선행은 하나님의 사랑이 그리스도 안에서 창조하고 유지하는 새로운 마음과 새로운 의지에서 나오는 것이다. 그것은 그분의 무한한 사랑에 대한 감사의 반응에 다름 아니다. 그것은 새로운 좋은 나무에서 나오기 때문에 좋은 열매다. 참 포도나무이신 예수로부터 나오는 것이기 때문이다.

우리는 이제까지 사도 바울 같은 사람들의 의식적인 경험에 관해 말했다. 중생을 제대로 이해하려면 이런 식으로 접근하는 것이 필요하다. 그러나 우리가 기억해야 할 점은, 중생을 일으키는 성령의 사역은 우리가 완전히 이해하고 표현할 수 없

우리는 어떻게 구원을 받는가

는, 더 크고 더 신비로운 일이라는 사실이다. 아무리 위대한 그리스도인이라도 성령께서 그를 하나님의 참된 형상으로 재창조하기 위해 그의 마음속에서 행한 모든 일—예수 그리스도를 통하여 하나님의 자녀가 되는 과정—을 완전히 체험하거나 표현할 수 없다. 우리는 우리의 중생을 완전히 체험하고 이해하기 위해 언제나 최대의 노력을 기울여야 마땅하지만, 성령께서 말씀과 성례, 기도와 교제를 통해 교회에 행하시는 일은 우리의 이해력에 달려 있지 않다. 교회에서 행하는 유아 세례는 언제나 이 사실을 상기시켜 준다. 성령 하나님이 우리를 하나님의 자녀로 재창조하는 작업은 우리가 의식적으로 그것을 이해하기 이전부터 시작되는 것이다. 그리스도인들은 세례의 본질에 대해 다양한 견해를 갖고 있다. 세례가 단지 새로운 출생의 선언에 불과한지, 또한 어느 정도까지 성령이 우리 속에서 일하실 때 사용하는 수단인지에 대해 의견이 분분하다. 비록 우리는 이 중생의 사역이 이루어지는 과정을 완전히 이해할 수는 없지만, 그것을 더 이해하려고 노력하고, 우리 자신을 의식적으로 성령께 의탁함으로써 그분이 우리에게 주신 새로운 본성이 온전히 성숙하도록 하는 것이 우리의 본분이다.

또 한 가지 유념해야 할 점이 있다. 그리스도인의 삶은 진정 새로운 출생의 결과이기는 하지만, 그럼에도 불구하고 옛사람이 여전히 존재하고 있다는 사실이다. 십자가에서 심판을 당해 사형선고를 받은 그 옛사람이 아직도 존재한다. 그는 날마다 다시 죽음에 처해져야 마땅하다. 이 새로운 출생은 아직 완성되지 않았으며, 그리스도께서 다시 오시는 날까지 완성될 수 없다. 그러므로 날마다 옛사람과 새사람 사이에, 육신과 성령 사이에 싸움이 일어나는 것이다. 우리는 비록 옛사람을 벗어 버리고 새사람을 입었지만 날마다 이 일을 새로 행하지 않으면 안 된다. 이 점은 사도 바울이 아주 분명히 밝히고 있다(골 3:1-17 등). 바울이 육신과 성령 사이의 싸움에 관해 이야기할 때(갈 5:17 등) 그는 우리의 정신과 우리의 몸 사이의 싸움을 말하는 것이 아니다. 그는 옛사람—일반적인 인간 본성을 지니고 십자가에서 정죄를 당한 "육으로 난" 존재—과 새사람—그리스도의 사랑에 의해 우리 속에 창조된 "성령으로 난" 존재—사이의 싸움을 가리키고 있다.

이는 고통스러운 싸움이다. 우리는 그 싸움이 그치기를 바라며, 어째서 옛사람이 계속 살아 있어서 우리를 괴롭히는지 무척 의아해 한다. 이에 대해서는 다음과 같이 답변할 수 있다. 하나님이 우리를 타인들과 똑같은 일반적인 인성을 공유하며 만인의 인생과 여전히 묶여 있도록 의도적으로 내버려 두신 것은 그리스도의 구원의 능력이 온 세상 전역에서, 그리고 모든 사람들 속에서 일하게 되기를 원하시기 때문이다. 그분은 온 세상을 구원하기를 원하시기 때문에 우리를 세상에서 데려가

우리는 어떻게 구원을 받는가

지 않고 믿음의 선한 싸움을 싸우도록 여기에 남겨 두시는 것이다. 그리고 그 싸움은 주로 우리의 내면에서 날마다 옛사람을 벗어 버리고 새사람을 입기 위해 벌어지는 다툼이다. 달리말하면, 새사람이 날마다 사랑과 감사의 마음으로 다시 태어나도록 십자가 앞에 서서 옛사람을 십자가에 못 박으며, 성령의능력으로 사랑의 행실을 이루기 위한 싸움이다.

칭의: 의롭게 되는 것

우리가 출발점으로 삼았던 문제, 하나님이 구원을 가져오기 위해 다루어야 했던 문제는 바로 죄의 문제다. 죄란 사람이 하나님 안에 있는 자기 존재의 참된 근원에서 단절되는 것을 뜻한다. 이는 사람이 하나님을 사랑하고 신뢰하고 하나님께 순종하는 대신에 자기 자신을 사랑하고 하나님을 불신하며, 자기의주인이 되려고 하는 것이다. 우리는 사람이 이런 상황에서 스스로를 구원할 수 없다는 것을 이미 살펴보았다. 그의 의지는철저히 타락했고, 그가 구원을 원할지라도 그 자신만을 위해서 그럴 뿐이다. 그가 의롭게 되기를 원할지라도 결국은 그 자신을 하나님과 사람에 대한 사랑에서 단절시키는 이기적인 의로움으로 끝날 뿐이다. 아울러 하나님은 사람의 죄가 존재하지않는 듯이 그것을 깨끗이 지움으로써 그 문제를 해결할 수 없다. 만일 하나님이 죄를 저지하고 벌하지 않는다면 이 세상은 금방 지옥으로 변할 것이다. 그러나 하나님이 죄를 벌하고 진노로 죄를 저지한다고 해도 그런 행위가 구원을 가져오는 것은 아니다.

십자가에서 죽은 예수의 위대한 행위는 죄에 대한 하나님의 심판과 그분의 자비를 동시에 보여준다. 그것은 한편으로 죄의 무서운 특성과 죄가 초래하는 끔찍한 형벌을 보여주고, 다른 한편으로 하나님께서 우리를 위해 그분의 가슴에 그 모든 형벌을 떠안는 모습을 보여준다. 그리고 사람이 성령의 사역을 통해 이것을 깨닫고 믿게 될 때는, 자신이 심판을 받은 동시에 용서를 받았다는 것을 안다. 그는 스스로 하나님의 진노를 받아야 마땅한 존재임을 알지만 또한 하나님의 사랑을 받는 대상이라는 것도 안다. 달리 표현하면, 자신의 죄에 대한 하나님의 의로운 심판을 수용하고 그에 순복하는 동시에 스스로를 하나님의 사랑에 의탁하는 자세, 곧 그리스도의 마음속에 있던 것이 그의 마음속에도 있다는 뜻이다. 죄인들은 오로지 죄 없는 분의 고난을 통해서만 그들이 짓는 죄의 의미를 깨닫고 그에 대한 하나님의 심판을 수용할 수 있다. 그리고 이런 고난이 죄인으로 하여금 스스로를 하나님의 사랑에 온전히 의탁하도록 만들 수 있는 것은, 그가 진노 뒤에서 죄인을 구하기 위해 끝까지 사랑하는 하나님의 모습을 보게 되기 때문이다.

우리는 어떻게 구원을 받는가

성령의 사역을 통해 이 진리를 깨닫고 믿는 사람은, 그러므로 하나님과 바른 관계를 맺게 된다. 그는 그리스도가 품었던 그 마음을 하나님을 향해 품기 시작한다. 그리스도의 마음이 그 사람 안에 빚어지는 것이다. 그리스도께서 스스로 아버지 앞에서 죄인의 자리에 앉았던 것처럼, 죄인도 그동안 이루어진 일을 깨닫고 믿음으로 말미암아 그리스도의 마음으로 아버지를 바라보게 된다. 즉, 겸손한 회개와 사랑의 마음을 품게 된다. 이처럼 하나님을 향해 믿음과 순종과 사랑의 마음을 품는 것이 곧 의로움이다. 이것이 유일하게 참된 의로움이다. 참된 의로움은 내가 하나님과 상관없이 가질 수 있는 나의 소유물이 아니다. 그것은 자기 의다. 그리고 자기 의는 바로 죄의 본질이다. 참된 의로움은 하나님을 향한 사랑의 신뢰와 순종에 바탕을 둔 그분과의 관계다. 우리는 이 이야기를 시작하면서 불신이 죄의 뿌리임을 살펴보았다. 그러므로 이제는 믿음이 의로움의 본질이라고 말해야겠다. 그리스도는 죄인들을 위해, 죄인들과 함께, 죄인들을 대신하여 죽음으로써 죄인들이 하나님을 향해 그의 마음을 품을 수 있게 해주었다. 이 마음은 의로움이다. 이것이 바로 바울이 "믿음으로 하나님께로부터 난 의"(빌 3:9)라고 부르는 것이다.

바울은 특히 로마서와 갈라디아서를 비롯한 여러 서신들에서 이 "믿음으로 하나님께로부터 난 의"에 관해 설명하는 데 많은 시간을 들이며, 이것과 "율법의 의"를 서로 대조한다. 그런데 양자의 차별성은 예수가 말씀한 두 가지 비유에도 잘 나타나 있다. 한 비유는 두 사람이 성전에서 기도하는 모습을 묘사한다(눅 18:9-14). 바리새인은 자신의 선행으로 인해 하나님께 감사한 반면에, 세리는 가만히 서서 고개를 숙인 채 "하나님이여 불쌍히 여기소서. 나는 죄인이로소이다"라고 말했다. 그리고 예수는 하나님이 의로운 자로 영접한 사람은 바리새인이 아니라 세리였다고 말씀하셨다. 만일 우리가 의로움을 우리의 소유물로 생각한다면 분명히 바리새인이 세리보다 더 의로운 사람이었다. 그가 열거한 미덕의 목록만으로도 충분한 증거가 된다. 그러나 이것은 하나님이 아닌 자기를 중심으로 삼고 있기 때문에 참된 의로움이 아니고, 따라서 사랑이 없는 것이다. 사실 이와 같은 '의로움'은 죄의 본질에 다름 아니다. 그것은 사람이 하나님과 같이 되려는 시도(창 3:5)의 가장 극단적인 형태일 뿐이다. 이 점은 당시의 종교 지도자였던 바리새인들이 예수를 십자가에 못 박는 데 앞장섬으로 입증되었다. 아마 그 세리는 십계명을 위반한 죄를 의식하고 있었을 것이다. 그는 성전에서 감히 하늘을 우러러볼 엄두도 못 내었다. 오로지 하나님의 사랑에 전적으로 의지할 뿐이었다. 그래서 예수는 "이 사람이 의롭다 하심을 받고 그의 집으로 내려갔느니라"고 말씀하신다. 이는 그 사람이 순식간에 선한 바리새인으로 변했

우리는 어떻게 구원을 받는가

다는 뜻이 아니다. 오히려 그가 하나님과 바른 관계를 맺고 있었다는 뜻이다.

다른 이야기는 더 잘 알려져 있다. 우리가 흔히 '탕자의 비유'라고 부르는 것인데, 더 적당한 이름은 '두 아들의 비유'다. 여러분이 누가복음 15장을 다 읽어 보면, 예수가 그 이야기를 들려주신 이유가 그분이 죄인들과 잘 어울리는 모습을 보고 바리새인들이 수군거렸기 때문이라는 것을 알 수 있다(15:1-2). 큰아들은 아버지의 집을 떠난 적이 없고 아버지의 명령을 한 번도 어긴 적이 없었다(15:29). 그런데 마지막에는 아버지의 뜻이 아니라 자기의 뜻대로 아버지의 집 바깥에 놓이게 되었다. 아버지가 나가서 그에게 들어오라고 간청했지만 그는 들어가려고 하지 않았다. 그는 아버지 집에서 그의 위상을 자기의 권리라고 생각했으며, 그것을 고된 노동으로 획득했다고 확신했다. 그렇기 때문에 그는 그 나쁜 아들이 집으로 돌아왔을 때 아버지가 느낀 기쁨을 공감할 수 없었다. 작은아들은 부끄럽게도 아버지의 좋은 평판에 먹칠을 했고 재산마저 모두 탕진하고 말았다. 이제는 아버지의 집에 있을 권리가 없다는 것을 알았다. 그래서 어떤 권리도 주장하지 않았다. 단지 자신을 아버지의 사랑에 의탁했을 뿐이다. 그런데 그는 즉시 사랑하는 아들로 영접을 받고 반지와 좋은 옷과 살진 송아지를 선물로 받았다. 이 이야기가 끝날 즈음, 예수는 우리의 마음에 도무지 잊을 수 없는 그림을 남겨 놓으신다. 아무것도 받을 자격이 없는 작은아들은 사랑과 기쁨에 둘러싸인 채 아버지의 집 안에 있고, 모든 것을 받을 자격이 있다고 믿는 큰아들은 아버지가 들어오라고 간청하는데도 불구하고 바깥에 있는 그림이다. 이것은 바로 두 종류의 의로움을 보여주는 그림이다. 바울이 "믿음으로 하나님께로부터 난 의"와 "율법으로 난 의"라고 각각 부르는 것이다. 전자는 하나님의 선물인 '믿음으로 말미암는 의'를 가리키고, 후자는 사람이 자기의 소유물로 만들려고 애쓰는 '자기 의'를 지칭한다. 전자는 우리를 하나님의 존전으로 데려가지만, 후자는 결국 우리를 내쫓아 버린다. 바울이 그의 서신들에서 거듭해서 말하는 내용을 이렇게 요약할 수 있다. 우리는 이 두 종류의 의로움 가운데 하나를 선택해야 하며, 둘 다를 갖는 것은 불가능하다고. 우리는 하인인 동시에 아들이 될 수 없는 법이다. 우리는 일꾼이 삯을 벌듯이 하나님의 은총을 하나의 권리로 획득하는 동시에, 아버지의 집 안에 있는 아들처럼 그분의 사랑을 즐길 수는 없는 노릇이다. 만일 우리가 율법으로 말미암는 의를 소유하고 싶다면, 우리는 은혜로 말미암는 하나님의 의를 받는 것이 불가능하다.

경건한 유대인들은 하나님이 나타나셔서 그분의 의를 밝히 드러내실 날을 갈망하며 그날을 위해 기도해 왔었다. 세상에 악인이 성공하고 선인이 고통을 받는 것 같은 수많은 악이 있

우리는 어떻게 구원을 받는가

음에도 불구하고, 그들은 하늘에 의로운 하나님이 계시고 그분이 분명 이 땅을 심판하러 오실 것이라고 믿고 있었다. 그날이 오면 하나님의 율법을 충실하게 지킨 사람들은 의롭다고 인정을 받고, 그 율법을 경멸했던 사람들은 정죄를 받을 것이라고 믿었다.

이것이 바로 '의롭게 하다justify'라는 단어의 고유한 뜻이다. 이는 '정죄하다condemn'라는 단어의 반대말이다. 그것은 한 사람이 내면적으로 나쁜 사람에서 좋은 사람으로 바뀌는 과정을 가리키는 단어가 아니다. 오히려 어떤 사람을 옳은 편에 있는 것으로 선언하는 재판관의 선고다. 유대인의 사상으로 보면 (일반적인 사상과 마찬가지로) 의로운 재판관은 의인을 의롭다고 인정하고 불경한 사람을 정죄하는 사람이다. 그런데 그리스도인들은 하나님이 불경한 사람을 의롭다고 인정했다는 메시지를 전파했으므로 그것이 유대인의 귀에는 끔찍한 스캔들로 들렸던 것이다(롬 4:5). 하지만 바로 이것이 복음의 핵심이다. 예수께서 친히 이렇게 말씀하시지 않았던가. "나는 의인을 부르러 온 것이 아니요 죄인을 부르러 왔노라"(마 9:13).

당시의 모든 진지한 유대인은 하나님의 율법을 잘 지켜서 그날이 오면 '의롭다'는 인정을 받으려고, 곧 재판관에 의해 옳은 편에 있다는 선언을 받으려고 열심히 노력했다. 그러나 복음은 이런 기대를 완전히 뒤집어 버린 소식이다. 세상에는 '의인'이 없다. 모든 사람이 죄인으로 판명되었다. 그런데 의로운 재판관이 재판을 하러 올 때 스스로 죄인의 자리에 앉음으로써 죄인들이 옳은 편에 앉도록 해준 것이다. 어떻게 이런 일이 일어나는지는 이미 살펴보았다. 한 사람이 예수께서 자기를 위해 이루신 일을 깨닫고 믿게 될 때는 그 속에 새로운 마음이 빚어진다. 그는 '의식을 되찾고' 진리를 알아차리며, 자신의 죄를 있는 그대로 인식하고, 자기 자신을 하나님의 자비에 전적으로 의탁하게 된다. 그러면 이 사람은 즉시 '하나님과의 바른 관계'에 놓이게 된다. 앞에서 살펴본 탕자와 같이 그는 즉시 아버지의 품에 안기게 되는 것이다. 그리고 사랑하는 아들이 누리는 모든 특권을 부여받는다. 그에게는 그의 새로운 성품이 얼마나 가는지를 시험하는 유예 기간이 주어지지 않는다. 그저 있는 그대로 영접받는다. 이것이 바로 신약성경에 나오는 '의롭게 되다'(칭의)라는 단어의 뜻이다. 그 탕자의 성품은 단숨에 바뀌지 않았다. 그는 여전히 똑같은 사람이다. 그러나 그는 아버지와 새로운 관계를 맺게 된다. 그래서 집안의 일원이 되어 아버지와 친밀한 교제와 사랑을 나누며 살아가게 되는 것이다.

이처럼 죄인을 자기 품에 안는 하나님의 행위로부터 그리스도인의 선행이 흘러나오게 된다. 그는 영원한 생명을 얻기 위해 선한 행위를 하는 것이 아니다. 그것은 바리새인들이 품은 동기이고, 그런 행동은 근본적으로 이기적이기 때문에 사랑도 없다. 이와 달리 그리스도인은 이미 영원한 생명을 받았기 때문에 선행을 한다. 그는 오직 추방과 수치를 당할 수밖에 없는 처지에서 아버지의 집 안으로 영접을 받은 사람이다. 그래서 사랑과 감사의 태도로 새로운 종류의 삶, 곧 그런 집에 어울리는 삶을 살기 시작한다. 아버지의 사랑이 그 아들 안에 보답하는 사랑을 낳는 것이다. 그는 무언가를 얻기 위해서가 아니라 아버지를 기쁘게 하는 방식으로 행동하고 싶어 한다. 그에게는 모든 것이 이미 주어졌기 때문이다. 그의 선행은 아버지의 사랑으로 충만한 가슴에서 흘러넘치는 그 무엇이다. 이런 행위는 사랑을 겸비하고 있기 때문에 진정한 의미의 선행이라고 할 수 있다. 그것은 하나님의 은총을 얻으려고 애쓰는 이기적인 동기에서 나오는 것이 아니다. 따라서 의로움을 겨냥하는 모든 종류의 법적 체계에 결여되어 있는 자발성과 관대함을 지니고 있다. 한 여자가 시몬이라는 바리새인의 집에 갑자기 들어와서 예수의 발에 매우 귀중한 향유를 부은 사건이 있었는데(눅 7:36 이하), 그녀는 어떤 규약에 따라 행동한 것이 아니고 공로를 쌓으려는 것도 아니었다. 단지 예수에 대한 사랑, 곧 용서받은 죄인이 자신의 구원자에게 품은 사랑을 표현하려고 했을 뿐이다. 이것이야말로 모든 선의 진정한 본질이다. 그것은 사랑하는 마음에서 흘러나오는, 타산적이지 않고 자발적인 사랑이다.

그러므로 그리스도인의 삶에는 공로의 개념이 들어설 자리가 전혀 없다. 우리가 하나님의 용납을 받는 것은 우리가 행하는 어떤 선행 때문이 아니다. 공로로 하나님의 은총을 획득하는 것은 아예 불가능하다. 우리에게 그런 생각이 조금이라도 있다면 우리는 큰아들과 같이 바깥에 있는 신세가 될 테고, 큰아들이 탕자를 위한 잔치를 불쾌하게 여긴 만큼 우리 역시 천국의 잔치를 그렇게 생각할 것이다. 가장 위대한 성인이라도 자신의 공로로 하나님의 집에서 자리를 확보할 수는 없다. 우리는 오직 그분의 은혜로 말미암아 거기에 있는 것이다. 우리는 그리스도의 죽음이 창조한 새로운 마음을 품을 때, 곧 우리가 하나님께 얼마나 혐오스러운 존재인지를 아는 동시에 우리가 그분께 얼마나 소중한 존재인지를 알 때에야 거기에 들어갈 준비를 갖춘 셈이다.

성화: 거룩하게 되는 것

탕자가 아버지의 집에 돌아올 때 그는 여전히 넝마를 걸치고 있다. 그의 몸은 방탕한 생활로 병에 걸리고 굶주림으로 쇠약한 상태다. 그의 머리는 여러 해에 걸친 나쁜 생각들로 오염되어 있다. 그의 생활과 언어 습관은 먼 나라의 나쁜 친구들에게서 배운 것이다. 하지만 아버지는 그를 영접하기 전에 이런 문제들이 깨끗이 청산되도록 기다리지 않는다. 그분은 아들에게 달려 나가서 그를 부둥켜안고 집 안으로 데려온다. 아버지는 그가 변화되도록 기다리지 않고 그를 있는 그대로 받아 준다.

어떤 의미에서는 그 순간부터 모든 것이 변했다. 그는 더 이상 먼 나라에 있는 부랑아가 아니라 아버지의 집에 있는 사랑받는 아들이다. 그러나 다른 의미에서 변화는 오직 서서히 생길 수 있을 뿐이다. 그의 몸이 금방 기력과 건강을 되찾지는 못할 것이다. 온갖 나쁜 생각과 습관이 즉시 사라지지는 않을 것이다. 신분상의 변화는 그의 생활과 생각과 언어 등 모든 영역에서 천천히 그 효력을 발휘할 것이다. 그는 점차적으로 나쁜 습관을 다스리고, 거친 말투를 통제하고, 좋지 않은 생각을 몰아내는 법을 배워야 할 것이다. 아마도 그는 자주 넘어지고, 아버지의 집에 어울리지 않는 말이나 행실로 사랑하는 아버지에게 상처를 주고 있다는 것을 알게 되리라. 어쩌면 맨 처음에는 얼마나 큰 변화가 일어나야 하는지도 제대로 모를 것이다. 그 먼 나라에서는 자연스럽게 보였던 말과 생각이 불쑥 튀어나왔을 때 아버지의 눈동자에 서린 고통을 보게 될 테고, 여기서는 그런 언행을 삼가야 한다는 것을 깨닫게 되리라. 그는 달려가서 아버지의 용서를 구하고, 아버지의 사랑이 얼마나 큰지를 새삼 느끼게 되고, 자신이 그런 사랑을 받을 자격이 전혀 없다는 것을 깊이 절감할 것이다. 그가 아버지의 생각과 뜻과 정서에 하나가 되는 일과 그의 생각과 말이 자연스레 아버지와 같은 수준에 오르는 일은 아주 천천히 일어날 수밖에 없을 것이다. 그리고 생애가 끝날 때까지, 그가 집 안에 있게 된 것은 오직 아버지의 크나큰 자비 때문이라는 사실을 결코 잊을 수 없을 것이다.

그런데 여기서 이 비유는 그 수명을 다한다. 가장 선한 인간 아버지와 가장 악한 인간 아들 사이의 차이는 어디까지나 유한한 차이이기 때문이다. 반면에, 하나님과 죄 많은 사람 사이의 차이는 무한하다. 그러므로 모든 성인은 우리가 은혜 안에서 자라면 자랄수록 우리의 최상의 선과 하나님의 거룩한 사랑이 얼마나 대조적인지를 더 많이 절감한다고 증언할 것이다. 여기서 우리는 하나의 역설을 말하지 않을 수 없다. 탕자와 같이 그리스도인은 완전히 새로운 신분을 부여받았다. 그는 예수 그리스도를 통해 믿음으로 하나님을 의지하는 순간 사랑받는 자녀로 받아들여진다. 그러나 이런 신분상의 변화가 그의 존재 전체에 영향을 미쳐, 그의 몸과 마음과 영이 하나님의 영으로 충만케 되고 그 영의 지배를 받게 되는 것은 천천히 일어나는 일이다. 날마다 우리의 본성에 여전히 존재하는 악한 성향(성경은 이를 '육신'이라고 부른다)에 대항해서 싸우는 성장의 과정이 필요한 것이다. 하지만 사람이 도달할 수 있는 최고의 거룩함과 하나님의 거룩함 사이의 차이는, 정직한 사람이라도 생애 마지막 순간에 이르기까지 자신이 또 새롭게 회개하고 용서받을 필요가 있는 죄인임을 고백하지 않을 수 없는 정도로 크다. 단 한

번이 아니라 날마다 그는 이렇게 말하지 않을 수 없다. "아버지, 내가 하늘과 아버지 앞에 죄를 지었습니다."

회심은 어떤 의미에서는 평생에 단 한 번 일어나는 일이지만, 다른 의미에서는 날마다 새롭게 일어나야 할 일이다. 루터의 말대로 그리스도인은 의인인 동시에 죄인이다. 그는 하나님의 집에서 친교를 나누도록 그분의 영접을 받았으나, 동시에 여전히 그 집에 전혀 어울리지 않는 죄인이다. 그가 죽는 날은 물론이고 이후에도 이것은 여전히 진실로 남을 것이다. 그렇다고 해서 우리가 죄에 대해 안일한 태도를 취해도 괜찮다는 뜻은 아니다. 하나님이 우리의 죄를 용서하시니 우리는 죄에 대해 크게 우려하지 않아도 된다는 뜻이 아니다. 우리는 생애 마지막 순간까지 우리 아버지의 집에 어울리지 않는 존재로 남을 테지만, 그 가정에서 많은 사랑을 누리면서도 끊임없이 아버지의 마음에 상처 주는 일을 한다는 것은 도무지 생각할 수 없는 노릇이다. 우리는 자녀의 신분을 부여받았으므로 진정한 자녀가 되려고 날마다 노력해야 마땅하다. 달리 말하면, 육신에 대항해서 싸우고, 날마다 옛사람을 죽이고, 매일매일 하나님의 은혜의 선물인 새사람을 입어야 한다는 뜻이다. 사도 바울이 쓴 서신들의 후반부는 주로 그리스도인의 삶의 이런 측면을 다루고 있다. 그리고 우리 주님은 한 비유를 통해서 하나님의 은혜를 경멸하는 일이 얼마나 끔찍한 짓인지를 일깨워 주고 있다. 그것은 아무 자격 없이 임금의 잔치에 초대받은 한 손님이, 더러운 옷을 가릴 혼인 예복을 받았지만 그것을 입는 수고를 마다한 이야기다(마 22:11-14). 그런 사람은 바깥 어두운 데로 쫓겨날 것이라고 주님은 말씀하신다. 그래서 사도 바울은 우리에게 엄한 경고를 하면서, 우리가 그리스도 안에서 새로운 피조물이 되었으므로 이제는 옛사람을 벗어 버리고 "하나님을 따라 의와 진리의 거룩함으로 지으심을 받은 새사람을"(엡 4:22-24, 골 3:1-17) 입으라고 권고하는 것이다.

새사람을 입는다는 말은 무엇보다도 하나님의 자녀들로 구성된 공동체의 삶과 거기서 제공하는 은혜의 수단에 늘 참여하는 것을 뜻한다. 그 공동체 안에서 교제하고, 복음의 메시지를 듣고, 주님의 성찬에 참여하고, 기도의 삶에 동참함으로써 우리는 거듭해서 예수를 통한 하나님의 구원 사역을 목격하고 또 그 능력을 경험하게 된다. 이런 일을 통해 그리스도의 마음이 우리 속에서 늘 새롭게 소생하는 것이다. 십자가 앞에서 성령의 능력으로 우리 안에 창조된 그리스도의 마음은, 그 십자가가 말씀과 성찬으로 우리에게 다가옴에 따라 끊임없이 재창조된다. 그리고 우리가 공적 예배와 개인 기도로 동참하는 온 교회의 기도를 통해, 우리의 모든 삶과 인류 공동체의 삶은 그리스도의 속죄 사역이 이루어지는 영역이 되어 결국 그분의 뜻에 굴복하게 된다.

우리는 어떻게 구원을 받는가

둘째, 그리스도 안에 있는 이 새 생명은 우리가 밖에서 보여주는, 모든 것을 그리스도의 속죄의 능력 아래로 인도하는 증언과 봉사의 행위를 통해 나타나게 될 것이다. 하나님의 목적은 하늘과 땅에 있는 모든 것을 그리스도 안에서 통일시키는 것이다(엡 1:10). 이 목적이 달성될 때까지 그분의 노고는 계속 이어질 테고, 우리의 구원도 완성되지 않을 것이다. 우리는 하나님의 아들의 신분을 부여받았기 때문에 그리스도의 영혼이 수고하는 일에 참여하고(사 53:11), 그리스도의 속죄 사역의 최종적인 완성에 필요한 일과 증언에 참여하는 것이 마땅하다. 이에 대해서는 다음 장에서 다룰 예정이다.

그리스도인이 더욱 거룩해진다는 것은 우리가 하나님과 교제를 나누기 위해 저 높은 곳으로 올라가려고 애쓴다는 뜻이 아니다. 첫째로 그것은 불가능한 일이고, 둘째로 복음은 하나님이 우리와 교제를 나누기 위해 우리 죄인들이 있는 곳으로 내려오셨다는 소식이기 때문이다. 그분과의 사귐은 그리스도께서 우리의 죄를 짊어지신 속죄소에서 주어진다. 그리스도인이 성장한다는 말은 이미 우리에게 주어진 것이 우리의 삶에서 점차 이루어지는 것을 뜻한다. 시종일관 그런 삶을 살 수 있게 하는 원동력은 우리의 구원자에 대한 감사의 마음이다. 그리고 그 목표는 내가 구원받는 일이 아니라 나의 구원자가 "자기 영혼의 수고한 것을 보고 만족하게"(사 53:11) 여기는 일이다.

7. 구원의 완성

그리스도인의 소망

이 책의 앞부분에서, 구원이란 모든 것이 그리스도 안에서 통일되는 것, 깨어진 것이 치유되는 것, 사람과 하나님, 사람과 사람, 그리고 사람과 자연 사이에 잃어버렸던 하나됨을 회복하는 것을 말한다고 설명했다. 이 구원은 아직 미래에 속한 일이다. 우리는 여전히 그것을 갈망하고 있다. 그러나 막연히 갈망만 하는 것이 아니라 지금 그 구원을 미리 맛보고 있다. 신약성경은 성령을 가리켜, 우리를 위해 쌓아 둔 유산의 담보라고 자주 말한다(고후 1:22, 엡 1:14). 우리가 성령을 통해 지금 누리는 하나님과의 연합과 인간 상호 간의 연합은 장차 이루어질 완전한 구원의 담보, 곧 일종의 맛보기인 셈이다. 따라서 그것은 우리가 완전한 구원을 얻게 될 것임을 보장하는 보증수표와 같다. 이 보증수표는 성령 안에서 우리에게 주어진 것이다. 우리는 우리의 유산을 완전히 소유한 것이 아니다. 우리는 여전히 죄와 싸워야 하고, 성령은 육신에 대항하여 싸우지 않으면 안

된다. 때로는 우리가 절망에 빠지다시피 할 경우도 있다. 그럼에도 불구하고, 우리는 그 담보를 이미 받았기 때문에 때가 되면 완전한 유산을 다 받을 것으로 확신하는 것이다.

하나님께서는 또한 죽은 사람 가운데서 살아나신 예수의 부활을 통해 또 다른 확신을 주셨다. 바울은 예수를 "잠자는 자들의 첫 열매"라고 부르며, 그분의 부활에 의해 우리도 부활할 것을 확신할 수 있다고 주장한다(고전 15장). 이와 비슷하게 베드로 역시 예수의 부활로 말미암아 우리는 우리를 위해 쌓아 둔 유산에 대한 '산 소망으로 다시 태어나게' 되었다고 말한다(벧전 1:3-5). 예수의 부활과 성령의 선물은 우리에게 외적으로 또 내적으로, 하나님의 나라에 대한 우리의 소망이 한갓 꿈이 아니라 하나님의 확실한 약속에 기초하고 있다는 흔들릴 수 없는 확신을 주는 것이다.

그러므로 소망은 그리스도인의 삶의 본질적인 부분이고, 이는 신약성경에서도 종종 이야기되는 바다. 이 소망은 무언가 불확실한 것에 대한 단순한 바람이 아니다. 그것은 그리스도 안에서 시작된 하나님의 구원 사역이 장차 완성될 것이라는 기쁨에 찬 확신이다. 그리스도를 믿는 우리는 현재 그 구원 사역이 이루어지는 중간에 살고 있다. 예수의 죽음과 부활을 통하여 우리는 회개하고 하나님의 자녀로 다시 태어났고, 지금은 하나님의 영과 교제하며 살고 있다. 그러나 동시에 우리는 여전히 세상 속에 살고 있다. 우리의 '옛사람'도 남아 있다. 우리 모두는 여전히 죄와 죽음의 권세 아래에 있는 이 세상의 일부다. 그러므로 우리는 일종의 이중적인 존재 양식을 갖고 있는 셈이다. 우리는 지금 이미 구원을 맛보고 있다. 그러나 하나님의 사역이 완수될 때까지는 완전한 구원을 누릴 수 없다. 온 세상을 구원하는 것이 하나님의 목적이기 때문이다. 그분은 이기적으로 자신의 행복만을 원하는 소수의 사람들을 세상에서 데려가기를 원하지 않으신다. 그분은 세상을 사랑하기에 온 세상이 구원에 이르기를 바라신다. 그러므로 하나님의 영을 받은 사람들도 이와 같은 사랑과 갈망을 공유하게 될 것이다. 그래서 사도 바울이 이렇게 말하는 것이다. "모든 피조물이 이제까지 함께 신음하며, 함께 해산의 고통을 겪고 있다는 것을, 우리는 압니다. 그뿐만 아니라, 첫 열매로서 성령을 받은 우리도 자녀로 삼아 주실 것을, 곧 우리 몸을 속량하여 주실 것을 고대하면서, 속으로 신음하고 있습니다"(롬 8:22-23, 새번역). 그러므로 온 세상을 구원하려는 하나님의 목적이 성취되기를 갈망하고 바라며 그것을 위해 기도하고 일하는 것이 우리가 영위하는 그리스도인다운 삶이다. 그래서 우리가 성찬 예식을 행할 때 "아, 주님, 당신의 죽음을 우리가 기념하고, 당신의 부활을 우리가 고백하고, 당신의 재림을 우리가 기다립니다"라고 말하는 것이다(남인도 교회의 전례). 온 교회는 이미 구원을 받은 동

구원의 완성

시에 장차 구원을 받을 것을 바라면서 살아가고 있다.

그리스도의 재림

그러면 우리는 정확하게 무엇을 바라고 있는가? 우리가 품은 소망의 중심은 다름 아닌 그리스도 그분이다. 그분을 떠나서는 그 어떤 것도 바랄 수 없다. 우리가 하나님의 계시를 받고, 심판을 받고, 용서를 받은 후에 다시 태어난 것은 모두 그리스도 안에서 일어난 일이다. 현재로서는 그분은 우리의 시각이나 촉각이 닿지 않는 곳에 계신다. 물론 우리가 성령을 통해 그분을 알고 있지만 이 지식은 부분적이고 희미할 뿐이다(고전 13:12). 이는 그분이 우리에게 주기 원하시는 지식의 맛보기에 불과하다. 우리가 갈망하는 바는 그분을 있는 그대로 보는 일이다. 그러나 이것은 우리가 그분과 같이 될 때에만 가능한 일이다(요일 3:2). 우리가 그분의 것이고 그분이 우리의 것임은 지금도 알고 있지만, 이 연합은 아직 완전하지 않다. 달리 말하면, 우리 속에는 아직도 그분과 적대적인 것이 많이 남아 있고, 그분 속에도 아직 우리의 것이 아닌 부분이 많이 있다는 뜻이다. 우리는 그리스도와의 완전한 합일을 갈망하고 있다. 그러나 이 합일은 그분에게 속한 모든 사람에게 일어날 때에만 우리에게도 일어날 수 있을 따름이다. 그러므로 우리가 진정으로 갈망하는 것은 그날, 곧 그분의 사랑이 완전한 승리를 거두게 될 날, 모든 것이 그분 안에서 하나가 될 날이다.

우리가 이런 것을 이야기할 때는 물론 그림 언어로 말해야 한다. 이런 것은 이제까지 아무도 본 적이 없고 또 볼 수도 없기 때문이다(고전 2:9). 이 밖에는 우리가 사용할 수 있는 언어가 없다. 그러나 그 그림은 우리가 마음대로 상상해서 만든 것이 아니다. 그 그림의 중심은 예수이고, 그분은 우리 상상력의 산물이 아니다. 그분은 다시 오실 것이라 약속하셨고, 모든 사람을 자신에게로 이끌어 오겠다고 말씀하셨다. 그분의 사랑이 결국에는 승리를 거둘 것이다. 이것이 바로 우리가 소망 가운데 바라보는 목표다. 그리고 이 소망이 우리를 실망시키지 않을 것을 우리가 아는 이유는, 하나님이 그 성취를 약속하는 보증으로 성령을 우리에게 주셨기 때문이다(롬 5:5).

심판

사도신경은 그리스도께서 "산 자와 죽은 자를 심판하러" 다시 오실 것이라고 한다. 십자가 위에서 이룬 그리스도의 사역이 심판의 행위인 동시에 자비의 행위라는 것은 이미 살펴보았다. 그것은 하나님의 진노와 하나님의 사랑, 곧 죄인에 대한 하나님의 정죄와 죄인을 구원하려는 하나님의 사랑을 동시에 보여 준다. 아울러 십자가의 죽음이 이와 같은 이중적인 특성을 갖고 있기 때문에 그것이 우리를 구원하는 수단이 될 수 있다는

구원의 완성

것도 살펴보았다. 십자가가 우리를 구원하는 것은 우리를 참된 회개와 참된 믿음으로 인도하기 때문이다. 그 십자가의 빛에 죄가 꾸며 낸 거짓은 쫓겨나고, 우리는 우리의 죄를 있는 그대로, 그리고 하나님의 사랑도 있는 그대로 보게 된다. 심판이 없이는 죄로부터의 구원도 있을 수 없는데, 그 이유는 심판이 없으면 의로움도 있을 수 없기 때문이다.

십자가에서 하나님의 심판과 그분의 구원이 나타나기는 했지만, 이 두 가지가 완전히 성취된 것은 아니다. 거기에서는 온 인류가 하나님의 거룩함이 내린 정죄 아래에 있다는 사실이 드러났다. 그러나 하나님은 그 정죄의 선고를 실제로 집행하지는 않았다. 말하자면, 사람들에게 회개할 시간을 주기 위해 그 실행을 유보한 것이다. 그래서 모든 사람에게 복음을 전하여 그들로 회개하고 구원을 받게 하려고 하나님의 교회를 파송하시는 것이다. 그분은 모든 사람이 구원을 받게 되기를 원하신다. 달리 말하면, 어떤 사람도 멸망당하는 것을 원하시지 않는다는 뜻이다. 일부 그리스도인들은 하나님이 어떤 사람들은 멸망시키기 위해 창조하셨다고 가르쳐 왔는데, 이는 분명히 잘못된 가르침이다. 이는 성경의 특정 단락들을 오해하기 때문에 생긴 결과이며, 복음서는 결코 그렇게 가르치지 않는다.

만일 하나님이 모든 사람이 구원을 받게 되기를 원하신다면, 이는 모든 사람이 구원을 받을 것이라는 뜻인가? 그렇다고는 말할 수 없다. 우리는 하나님이 사람들에게 선이나 악을 선택할 수 있는 자유를 주셨다는 것을 안다. 그러므로 사람들이 최종적으로 악을 선택하는 일이 불가능하지는 않을 것이다. 그리스도께서 우리에게 주신 무서운 비유들 중에는 사람들이 결국에는 본향의 빛과 사랑에서 쫓겨나서 바깥의 어둠에 버려지는 장면이 나온다. 그분은 또한 이 최후의 멸망을 묘사하기 위해 게헨나Gehenna라는 이름을 사용하기도 했다. 게헨나는 당시에 예루살렘의 쓰레기와 오물을 버렸던 골짜기의 이름으로, 언제나 불이 타고 있던 곳이었다. 따라서 그곳은 사람들이 마침내 쓸모없는 존재가 되어 불에 태워질 가능성이 있음을 보여주는 상징이었다. 우리가 그리스도의 마음에 충실한 존재가 되고 싶다면 우리 마음에서 이 가능성을 배제하면 안 된다.

한번은 제자들이 예수께 "주님, 구원받을 사람은 적습니까?"(눅 13:23, 새번역)라고 물은 적이 있다. 이에 예수는 이렇게 대답하셨다. "너희는 좁은 문으로 들어가기를 힘써라. 내가 너희에게 말한다. 들어가려고 해도 들어가지 못하는 사람이 많을 것이다." 그분은 지옥에 관한 우리의 이론적인 질문에 응답하고 있는 것이 아니다. 그러나 생명으로 인도하는 문은 좁고, 그 문을 놓치는 일이 가능할뿐더러 굉장히 쉽다는 것을 알아야 한다고 말씀하신다. 마지막 날에 반드시 일어날 일이 있다. 그것은 하나님의 사랑을 반대하는 것은 무엇이든 없어져야 한다는 것이다. 하나님의 뜻은 모든 창조세계를 하나의 구원으로 다함께 엮어서 그분의 사랑의 영광이 완전하게 나타나고 또 비치게 되는 것이다. 우리는 예수를 통해 이것이 현 상태의 모든 인류에 대한 심판을 포함하고 있다는 것을 살펴보았다. 하나님이 사람들에게 복음을 듣고 믿을 시간, 또 회개하고 그분께 돌아올 시간을 주셨다는 것도 우리는 알고 있다. 그러나 마지막에 이르면 사람들, 어쩌면 대다수의 사람이 바깥에 내버려질 가능성을 부인할 수는 없다. 만일 그들이 바깥에 내버려진다면, 그것은 마치 비유에 나오는 큰아들처럼 아버지의 방식대로 그분과의 사귐에 동참하기를 꺼려하기 때문일 것이다. 그분은 모든 사람을 초대하신다. "내게 오는 자는 내가 결코 내쫓지 아니하리라"(요 6:37). 그런데 우리가 영원한 멸망에 관해 막연히 추측하기 시작하면 도무지 그 해답을 알 수 없게 된다. 그러므로 단지 우리 주님의 말씀에만 주의를 기울일 뿐이다. "너희는 좁은 문으로 들어가기를 힘써라."

부활

모든 사람이 참여하게 될 최종적인 구원과 최종적인 심판에 관한 논의는 죽음이 인생의 끝이 아니라는 전제를 깔고 있다. 그런데 이는 매우 큰 전제인 만큼 과연 그것이 정당한지, 그리고 죽음 이후에 대해 우리가 무엇을 믿고 있는지를 물어볼 필요가 있다. 우리 자신의 경험에 관한 한, 죽음은 이야기를 마감하는 종지부처럼 보이기 때문이다. 만일 이것이 사실이라면 당연히 구원에 대해 이야기할 여지가 없을 것이다. 인생은 아무런 목적도 없고 아무런 가치도 없는 그저 무의미한 이야기에 불과하리라.

모든 시대에 거의 모든 사람은 죽음 이후의 삶에 관해 나름의 신념을 품고 있었다. 인도에서 가장 지배적인 신념으로 자리 잡고 있는 것은, 죽음 이후에 영혼이 그 카르마에 따라 인간이나 동물이나 천상의 존재 등 다른 몸으로 다시 태어난다는 것이다. 다른 한편, 많은 고대 민족들과 구약성경의 유대인들은 죽음 이후에 사람의 영혼은 아무런 목적도 의미도 없는 어렴풋한 존재가 사는 장소, 곧 스올Sheol로 내려간다고 믿었다. 초창기의 유대인들이 다가오는 하나님의 나라에 관해 이야기할 때는 이 땅의 나라, 곧 죽음 이편의 나라에 대해 생각했었다. 물론 구약성경의 여러 단락에서는 살아 계신 하나님을 믿음으로 말미암아 그분이 영혼을 스올에서 구출하시고, 그의 오른쪽에 있는 '영원한 즐거움'을 그의 백성에게 주신다는 확신을 노래하고 있다(시 6편). 그럼에도 불구하고, 구약성경의 유대인들은 대체로 "산 자들의 땅에서 여호와의 선하심"(27:13)을 보게 될 것을 기대했다. 그들은 하나님의 거룩함이 옳은 것으로 입증되고, 예루살렘을 수도로 삼는 하나님의 나라가 이 땅 위에

구원의 완성

세워질 것으로 믿었다. 그러나 후대에 이르면, 특히 그들이 그리스와 로마 제국의 손에 무시무시한 박해를 겪은 뒤에는, 하나님의 나라를 위해 순교자로 피를 흘린 사람들은 그 나라 바깥으로 내쫓기는 반면에 그 나라의 모든 영광이 당시에 살아 있는 사람들만을 위해서 준비되었다고 믿는 것이 어렵다는 점을 알게 되었다. 그리하여 많은 사람들은 과거에 죽은 믿음의 영웅들이 다가오는 하나님 나라의 영광에 참여할 수 있게 해주는 부활의 가능성을 믿기에 이르렀다. 우리 주님이 살던 시대에 바리새인들은 이런 믿음을 견지한 반면에 좀 더 보수적인 사두개인들은 그것을 부정했다(행 23:8, 눅 20:27).

이 문제에 있어서 초기 그리스도인들은 바리새인과 같은 편에 있다고 생각했지만, 한 가지 큰 차이점이 있었다. 그리스도인들의 부활에 대한 확신은 바로 예수의 부활에 근거하고 있었다는 점이다. 이 놀라운 사실이 기독교 복음 전파의 출발점이었다. 죽음에 처해져 요셉의 무덤에 묻히는 광경을 그들이 직접 목격했던 그 예수가 삼 일 만에 죽은 자들 가운데서 다시 살아났고, 빈 무덤을 버려둔 채 새 창조의 모든 영광 가운데 그들에게 나타나셨던 것이다. 이는 새로운 시대, 곧 거룩한 사람들이 그토록 갈망하고 기도했던 그 마지막 날이 실제로 동텄다는 것을 의미하는 사건이었다. 이 사실에 비추어, 예수의 삶과 죽음과 사역 등은 예언자들이 바라보았던 그 '종말'의 시작으로 해석되었다. 하나님의 나라가 실제로 막 도래했던 것이다. 그리고 이 소식이 바로 예수께서 사역 초기에 말씀하셨던 것이기도 하다(막 1:14). 예수가 행한 치유의 기적은 예언자들이 예언한 그 '종말'이 왔다는 징표에 다름 아니었다(마 12:15-21 참조). 그분의 죽음은 하나님의 최후의 심판이 나타난 것이었고, 그분의 부활은 최후의 수확이 가까웠다는 것을 증명하는 "첫 열매"(고전 15:20)였다. 그리고 성령의 오심은 '종말'에 대한 요엘의 예언이 성취되는 일이었다(행 2:14-21). 신자들은 이 모든 일을 보자 그리스도를 통해 다가오는 하나님의 나라를 미리 맛보게 되었다는 것을 깨달았다. 그들은 이미 그 나라에 참여하는 자들이 된 셈이다. 그리고 그 맛보기는 그들에게 그 나라가 완성될 것이라는 확신을 안겨 주었다. 하나님께서 예수를 죽은 자들 가운데서 살리신 것처럼, 그분은 예수께서 재림할 때에 그리스도에게 속한 사람들을 분명히 일으키실 것이다(고전 15:20-23). 그리스도의 온몸은 한 공동체이고, 그 온몸은 마지막 날에 일으킴을 받아서 제자들이 부활한 예수의 몸에서 보았던 그 영광에 참여하게 되리라.

그래서 신약성경은 영혼의 불멸성보다 몸의 부활에 관해 더 많이 말하고 있다. 사람이 죽을 때 그 영혼에 무슨 일이 일어나는지에 대해서는 별로 들어보지 못했을 것이다. 사도 바울은 자기가 죽을 때에 세상을 떠나서 그리스도와 함께 있게 될 것을 확실히 믿었다(빌 1:21-24). 하지만 다른 경우에는 이미 죽은 사람들에 대해, 지금은 '잠자고' 있지만 그들을 깨울 부활의 날을 기다리고 있다고 말하기도 했다(살전 4:13-18, 고전 15:18). 분명한 사실은 초기 그리스도인들이 그리스도가 재림할 날을 간절히 고대하고 있었다는 것과, 그때가 되면 그리스도에게 속한 사람들이 부활할 것으로 믿었다는 것이다. 이는 매우 중요한 부분이다. 만일 우리가 영혼의 불멸성만 이야기하고 우리가 죽을 때 천국에 갈 것만을 생각한다면(사실 많은 그리스도인들이 이렇게 생각한다), 그리스도인의 소망 중 가장 중요한 요소를 잊어버린 셈이다. 우리는 다시금 이기적인 개인들이 되고 만다. 하나님께서 갈망하시는 것, 따라서 우리도 갈망해야 할 것은 온 세상의 구원이다. 그리고 이는 그리스도께 진정으로 속한 지체들을 모두 포함하는 그리스도의 온몸의 부활을 의미하는 것임이 틀림없다. 이는 우리가 확실한 대답을 할 수 없는 어려운 질문들을 제기한다. 고린도 교인들은 바울에게 "죽은 사람이 어떻게 살아나며, 어떤 몸으로 옵니까?"(고전 15:35, 새번역) 하고 물었다. 바울은 밀알을 비유로 사용하면서, 그것이 땅에 떨어져서 죽으면 하나님께서 그로부터 새로운 피조물을 이끌어 낸다고 대답했다(15:36-38, 42-46). 그것은 동일한 씨앗이면서도 무언가 새로운 것이다. 물론 우리는 여기서 인간 지식의 한계를 뛰어넘고 있기 때문에 오직 비유로만 말할 수 있을 뿐이다. 명백한 것은 "살과 피는 하나님 나라를 유산으로 받을 수"(고전 15:50, 새번역) 없다는 사실이다. 우리가 성령의 능력으로 끊임없이 죽여야만 하는 이 옛사람은 결국 무덤에 묻혀서 썩게 내버려 두어야 한다. 그러나 하나님이 창조하고 계시는 새사람이 있다. 지금도 우리가 그에 관해 어느 정도 알고 있다. 그리고 그날이 오면 우리가 완전한 새사람, 새 몸, 새로운 피조물을 덧입게 될 것이다(고후 4:16-5:4). 이 새사람은 바로 그리스도 그분이고, 우리는 모두 그분에게 속한 지체들이다.

그런데 이 새로운 창조는 우리의 영혼과 몸뿐만 아니라 모든 창조세계까지 포함한다. 하나님의 피조물 가운데 어느 것도 그분의 목적과 무관하지 않다. 그중의 어느 것도 건물이 완공될 때 내버려야 할 비계飛階와 같지 않다. 그분은 모든 것을 사랑으로 만들었고 그 모두를 사랑하신다. 그러므로 그분의 목적이 성취된다는 것은, 부활은 물론이고 새 하늘과 새 땅까지 이루어지는 것을 의미한다. 구약성경에도 이것을 어렴풋이 보여주는 장면이 나온다(사 11:6-9, 35:1-7, 65:17 등). 신약성경에는 그 목적이 새 예루살렘에 관한 계시록의 환상에서 가장 생생하게 성취되고 있는데, 이제 이에 대해 다루려 한다.

하나님의 나라

신약성경은 우리 모두에게 낯익은 빛나는 그림과 함께 끝난다.

"또 내가 새 하늘과 새 땅을 보니 처음 하늘과 처음 땅이 없어졌고 바다도 다시 있지 않더라. 또 내가 보매 거룩한 성 새 예루살렘이 하나님께로부터 하늘에서 내려오니, 그 준비한 것이 신부가 남편을 위하여 단장한 것 같더라. 내가 들으니 보좌에서 큰 음성이 나서 이르되, 보라 하나님의 장막이 사람들과 함께 있으매 하나님이 그들과 함께 계시리니, 그들은 하나님의 백성이 되고 하나님은 친히 그들과 함께 계셔서 모든 눈물을 그 눈에서 닦아 주시니, 다시는 사망이 없고 애통하는 것이나 곡하는 것이나 아픈 것이 다시 있지 아니하리니 처음 것들이 다 지나갔음이러라. 보좌에 앉으신 이가 이르시되, 보라 내가 만물을 새롭게 하노라"(계 21:1-5).

그리스도께서 하나님과 사람 사이에서 이룬 속죄사역은 이처럼 그분 안에서 모든 것이 재창조되는 새로운 창조세계를 궁극적인 목표로 삼고 있다. 그런데 이 최종적인 그림이 교회가 아니라 도성의 그림인 것을 주목할 필요가 있다. 거기에는 성전이 없는데, 왜냐하면 "이는 주 하나님 곧 전능하신 이와 및 어린양이 그 성전"(21:22)이기 때문이다. 하나님의 목적은 세상에서 분리된 자그마한 무리를 창조하는 일이 아니라, 오히려 그리스도를 통하여 온 세상을 새롭게 창조하는 것이다. 이 목적을 이루기 위해 자기 아들을 보내어 세상의 죄를 위한 속죄제물로 삼고 사람들을 그분 자신과 화해시키려고 한 것이다.

하나님의 교회는 그 목적이 성취될 때까지 복음의 사역을 계속하도록 하나님이 만들어 낸 몸이다.

성경은 이 최종적인 성취를 묘사할 때 찬란한 그림들을 많이 사용한다. 이를 말로 간단하게 표현하자면 이렇게 말할 수 있다. "그것은 죄를 깨끗이 제거함으로써 창조세계를 그 본래의 목적대로 회복시키는 일이다." 이는 하나님의 완전한 사랑으로 말미암아 모든 사람과 모든 사물이 완벽한 조화와 완전한 기쁨의 상태로 회복되는 일이다.

우리는 뜨거운 소망을 품은 채 최종적인 성취의 날을 기다린다. 하나님이 그것을 약속하셨고, 그분이 약속을 지키는 신실한 분임을 우리는 안다. 아울러 하나님이 우리를 그분의 증인과 종으로 불러서, 온 세상을 그분의 거룩한 뜻에 복종하게 만드는 사명을 주셨다는 것도 알고 있다. 우리는 단지 우리 자신이 구원을 받기 위해 그리스도의 부름을 받은 것이 아니다. 우리는 그분의 구원 사역에 동참하는 동역자가 되도록 부름을 받은 것이다. 그분은 모든 사람을 초대하신다. 만일 우리가 모든 사람을 구원의 자리로 초대하는 그분과 함께하지 않는다면, 만일 우리가 그분의 사랑을 독차지한 채 그 사랑을 모든 사람과 나누기를 원하지 않는다면, 결국에는 큰아들과 같이 바깥에 내버려지고 말 것이다. 그러나 우리가 하나님의 사랑을 제대로 깨달았다면, 그의 은혜를 맛보았다면, 그 맛보기로 말미암아 우리는 장차 하나님의 모든 백성이 다함께 그분의 기쁨에 동참하게 될 날, 하나님이 "자기 영혼의 수고한 것을 보고 만족" 하실 날을 뜨겁고 담대하게 소망하는 가운데, 기꺼이 그분과 함께 이 세상을 구속할 때 따르는 고통과 슬픔에 참여하게 될 것이다.